税務調査官の着眼力Ⅱ

間違いだらけの相続税対策

秋山清成 著

中央経済社

はじめに

「相続」は、誰もが一生のうちに一度か二度、経験するかしないかの程度で、その内容もそれぞれに大きく異なるものです。亡くなった方の相続財産の種類であったり、多寡であったり、さまざまな視点で異なります。

相続を受ける相続人側についても、人数や間柄も異なりますし、亡くなった方が遺言書を遺していたら、相続人が他人という場合もあります。

また、相続が発生した家庭それぞれに環境も大きく異なるでしょうし、家族のものの考え方や生活水準などの違いもあり、まさに千差万別です。

さらに、相続が発生したとしても、相続が発生した時期の微妙なズレで刻々と変化するのが相続です。

たとえば、半年前であったら相続人全員の仕事が順調に進み、相続人それぞれが争うことなく相続財産を分割して何事もなく財産の承継ができたであろうものが、半年後の今となっては、相続人の一人の仕事がかなり下降気味で、切羽詰まった状況となっていて、その人が少しでも多くの相続財産を取得したいと欲を出したがために遺産分割そのものがぎくしゃくして、結果、泥沼の争続へと進むというお話は少なくありません。

一方、テレビドラマの影響なのか相続争いが起きるのは超お金持ちの資産家ばかりと勘違いされている方がけっこう多いのですが、実は、財産が多いから相続争いが起きるわけではなく、財産が少なくても相続争いは起きるのです。かえって財産が少ない方が相続争いは多く発生しています。自分の親は争いになるような多額の財産はないから大丈夫などと安心してはいられないのです。

さらに、相続争いに拍車がかかるのが、相続人の配偶者が夫や妻の相続に口出しするケースです。このケースが本当に多いのです。

私は国税局および税務署において相続税の調査を担当して骨肉の争いの現場は数多く見てきましたし、それ以上に、相談を受けてきました。

相続税の相談には特徴があり、所得税や法人税などのように、相談者に税法や通達などの取扱いを説明すれば良いというものではなく、相続税法はもとより、相談者の生い立ちや考え方、財産の内容、家族構成、家族の生活環境などをお聞きすることが大変重要なのです。

そのことを把握した上で、相続争いが起きないための相続対策および相続税の節税策を練らなければ本当の意味での解決策にはなりませんので、相談者や相談者の家族のプライバシーに関わるようなことまで聞かざるを得ないということです。

そうしないと、相談者の実情に沿った中身の濃い相続相談にはなりませんので、そこが他の税目の相談と全く違うところです。つまり、相続税の相談は身の上相談と同じような種類のものなのです。

本書は、私が国税局および税務署に勤務して概ね五百件超という数の相続税調査事案から得た経験と納税者の皆さんからの数千件という数の相続や相続税の相談をもとに、「その時、あなたはどうしたらよいのか」を考えるヒントを満載した一冊です。

他人様の相続から学べることはけっこうあるものです。相続税は、本人が何度も経験することができない税ですから、私の経験から、ちょっとした事前の気遣いや配慮を知っていただき、ぜひとも、相続争いを回避してもらいたいのです。

相続税担当として数万件の相続税申告書をチェックしてきて痛感するのは、相続対策をしていなかった方や間違った相続税対策をしている方がいかに多いかということです。そんな方々に、当時はお教えできなかったので、これからの方々に、この本でお教えしたいのです。この思いを書名の一部とさせていただきました。

本書は相続税・贈与税の解説本ではありません。

一読されたら、ぜひとも事例をご自分の家庭に当てはめてみていただきたいのです。そして、ご自分の家庭において、少しでも相続争いの芽があるのであれば、ご自身がまだ丈夫なうちに、相続争いの芽をしっかりと摘む行動を採っていただきたいと思います。

本書が、相続における相続争いなどの回避や相続税の節税にあたり、少しでもお役に立つことを願っております。

平成27年10月吉日

著者

目　次

相続のしくみ

被相続人

被相続人とは、亡くなられた人のことをいいます。

相続人

民法では、相続人の範囲と順位について以下のとおり定めています。

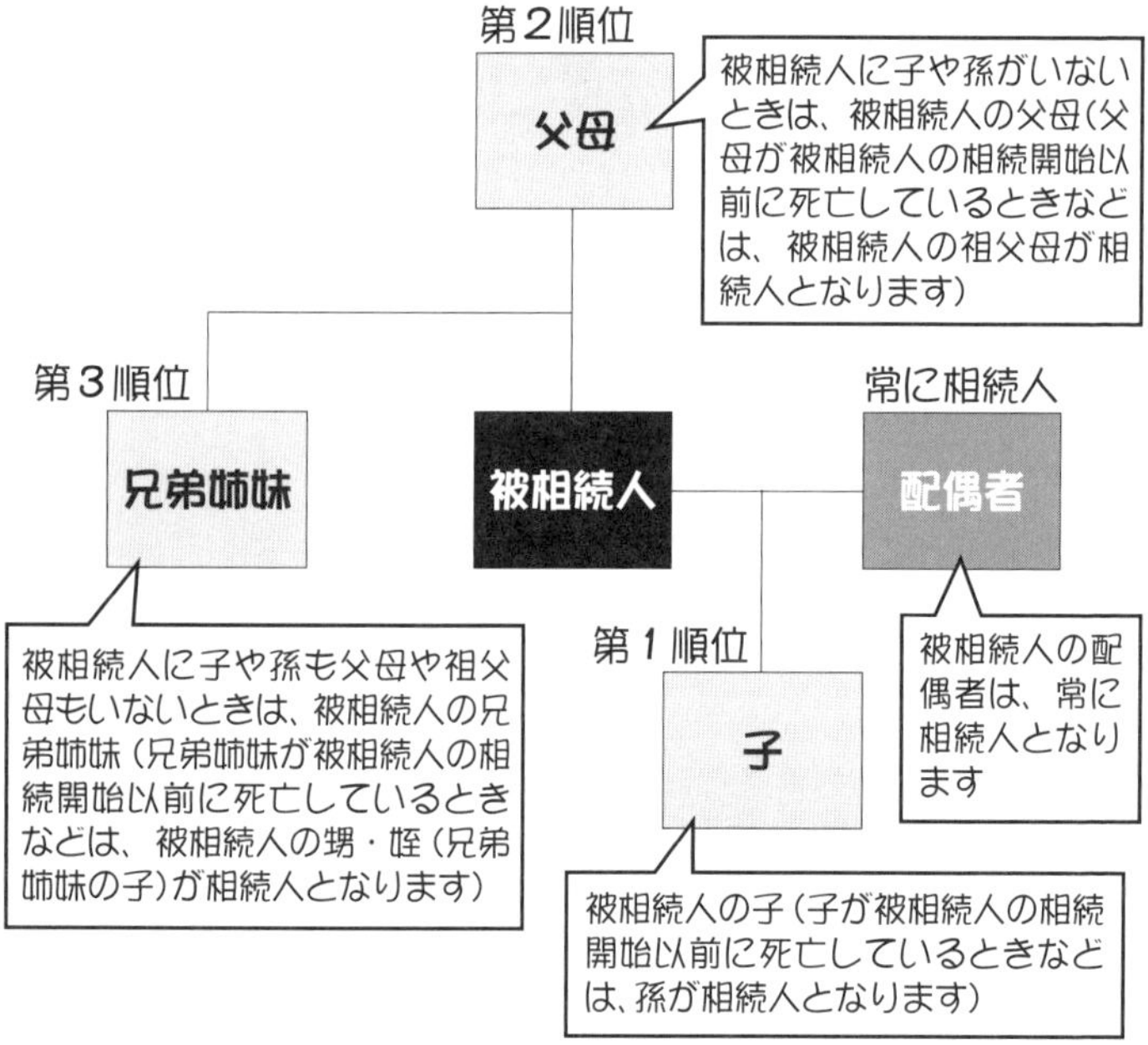
第2順位
父母
被相続人に子や孫がいないときは、被相続人の父母(父母が被相続人の相続開始以前に死亡しているときなどは、被相続人の祖父母が相続人となります)
第3順位
兄弟姉妹
被相続人
常に相続人
配偶者
被相続人に子や孫も父母や祖父母もいないときは、被相続人の兄弟姉妹(兄弟姉妹が被相続人の相続開始以前に死亡しているときなどは、被相続人の甥・姪(兄弟姉妹の子)が相続人となります)
第1順位
子
被相続人の配偶者は、常に相続人となります
被相続人の子(子が被相続人の相続開始以前に死亡しているときなどは、孫が相続人となります)

法定相続分のケース1・2

法定相続分

法定相続分とは、民法で定められた各相続人の相続する割合です。

ケース1（相続人は、配偶者と子供の場合）

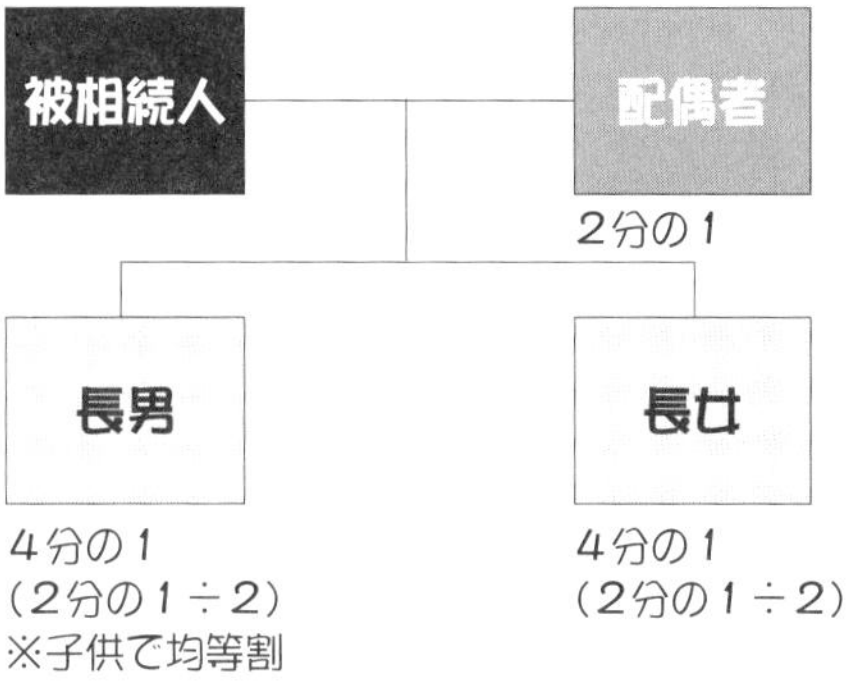

ケース2（相続人は、子供だけの場合）

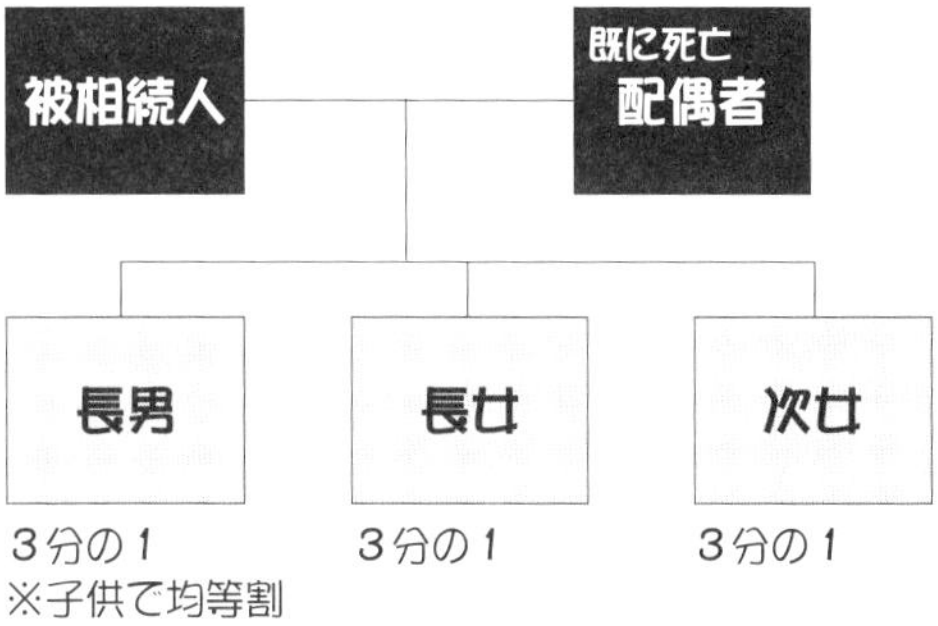

法定相続分のケース3・4

ケース3（被相続人が独身で、相続人は父母の場合）

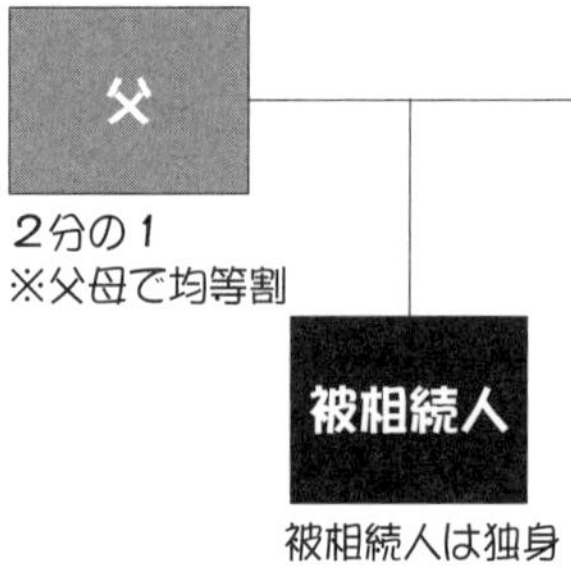

ケース4（被相続人が独身で、父母も既に死亡していて、
相続人は兄弟姉妹の場合）

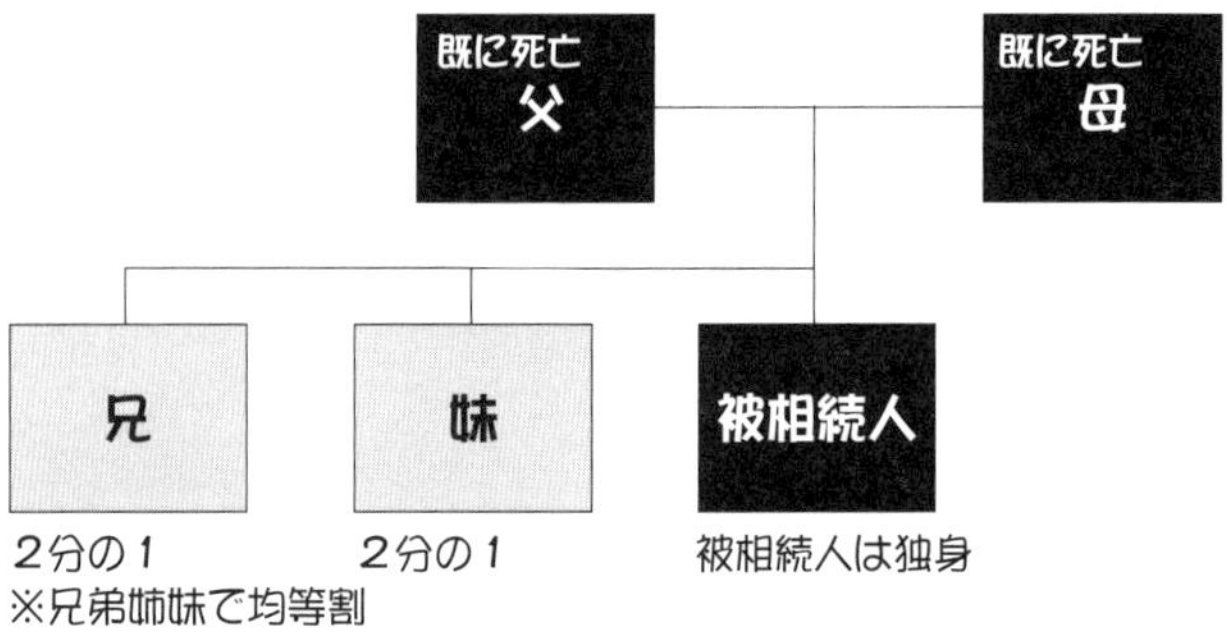

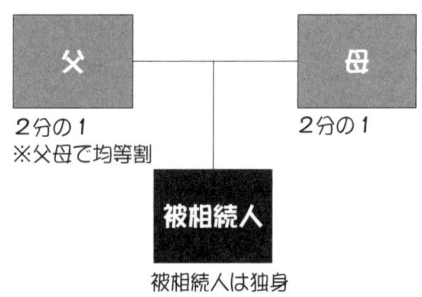

法定相続分のケース5

ケース5（4のケースで、兄が既に死亡していて、兄の子がいる場合）

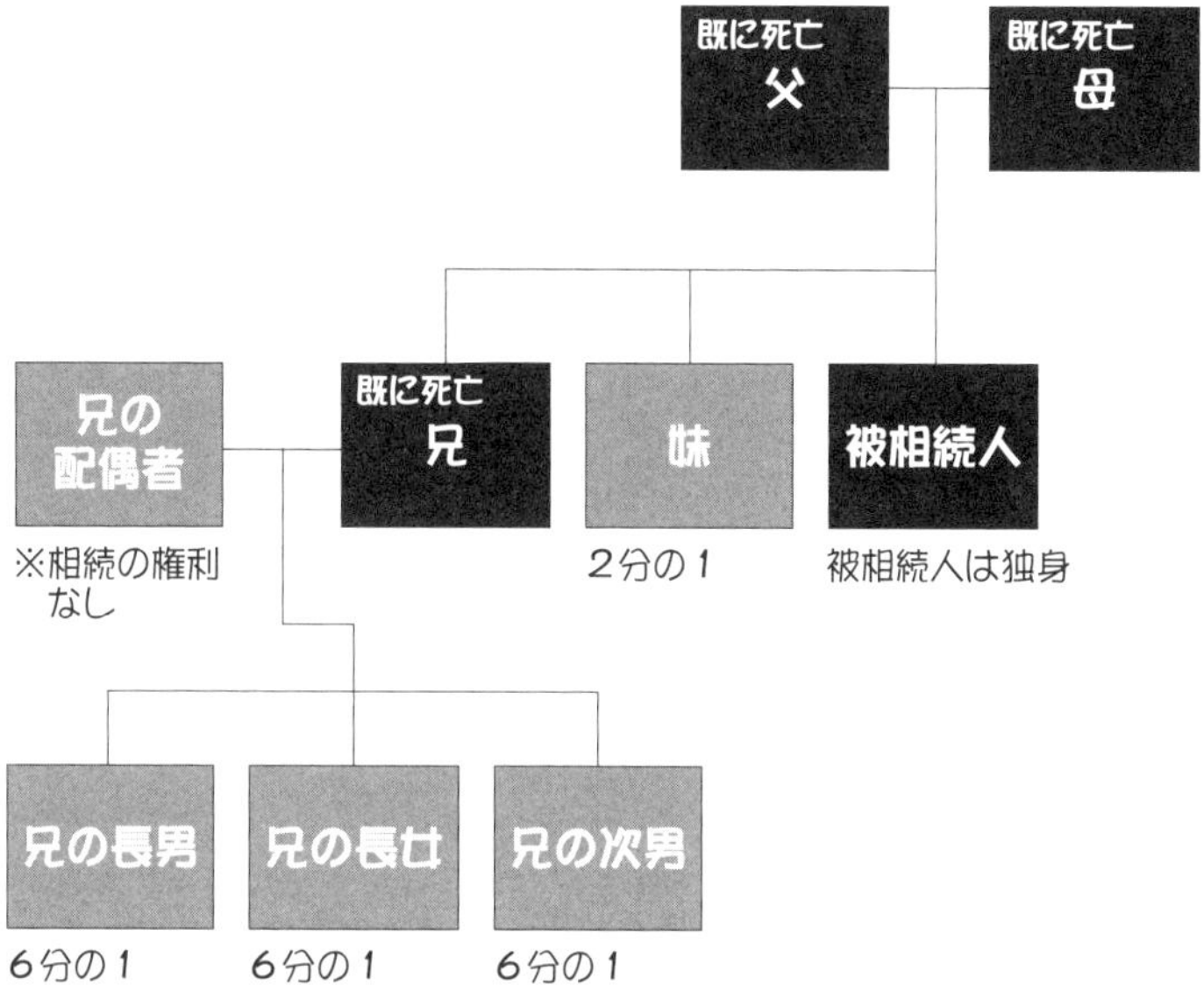

※父の法定相続分を均等割

法定相続分のケース6

ケース6（父母は既に死亡していて、子がいない場合）

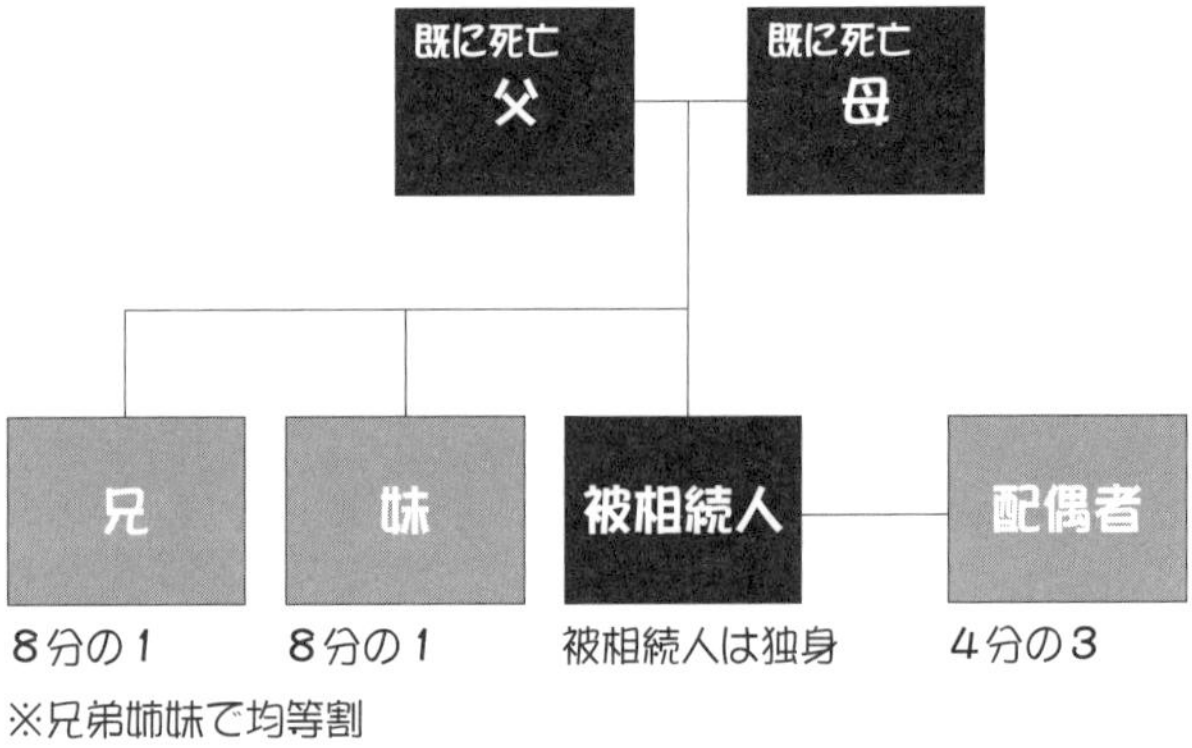

相続税のしくみ 1

相続税のしくみ

ここでは相続税の計算のしかた（過程）を記載しています。第一章から第五章の本文中の計算に触れる箇所でご覧ください。最初の段階から当ページを理解していただく必要はありません。

①　課税される財産

土地・建物、現金・預貯金、有価証券、事業用財産、家庭用財産、その他の財産など

②　課税される財産から控除できるもの

債務および葬式費用の価額

③　相続税の基礎控除（3,000万円+法定相続人の数×600万円）

相続人：1人	3,600万円
相続人：2人	4,200万円
相続人：3人	4,800万円
相続人：4人	5,400万円
相続人：5人	6,000万円

④　相続税の課税対象価額の算定

①　土地・建物、現金・預貯金、有価証券、事業用財産、家庭用財産、その他の財産など

②　債務および葬式費用の価額

③　相続税の基礎控除額

④　（①－②－③）相続税の課税対象価額

相続税のしくみ2

⑤　相続税の計算のしかた

1）上記④の課税対象価額に、各人の法定相続分を乗じる。

2）法定相続分を乗じた金額を相続税の速算表に当てはめて相続税額を算出する。

3）複数の相続人がいる場合は、上記1）～2）を繰り返す。

4）3）で求めた各相続人の相続税額を合計すると、その金額が相続税の総額になります。

5）なお、相続人の配偶者が財産を相続すれば、配偶者の税額軽減の特例（法定相続分もしくは1億6,000万円までは控除される）が受けられますから、上記4）で求めた相続税の総額が最終的に納税する相続税額ではありません。税額控除できるものには、配偶者の税額軽減のほかに未成年者控除や障害者控除などがあります。

相続税の速算表

区　分	1,000万円以下	3,000万円以下	5,000万円以下	1億円以下
税　率	10%	15%	20%	30%
控除額	−	50万円	200万円	700万円

区　分	2億円以下	3億円以下	6億円以下	6億円超
税　率	40%	45%	50%	55%
控除額	1,700万円	2,700万円	4,200万円	7,200万円

第一章

知っているつもりだったのに……

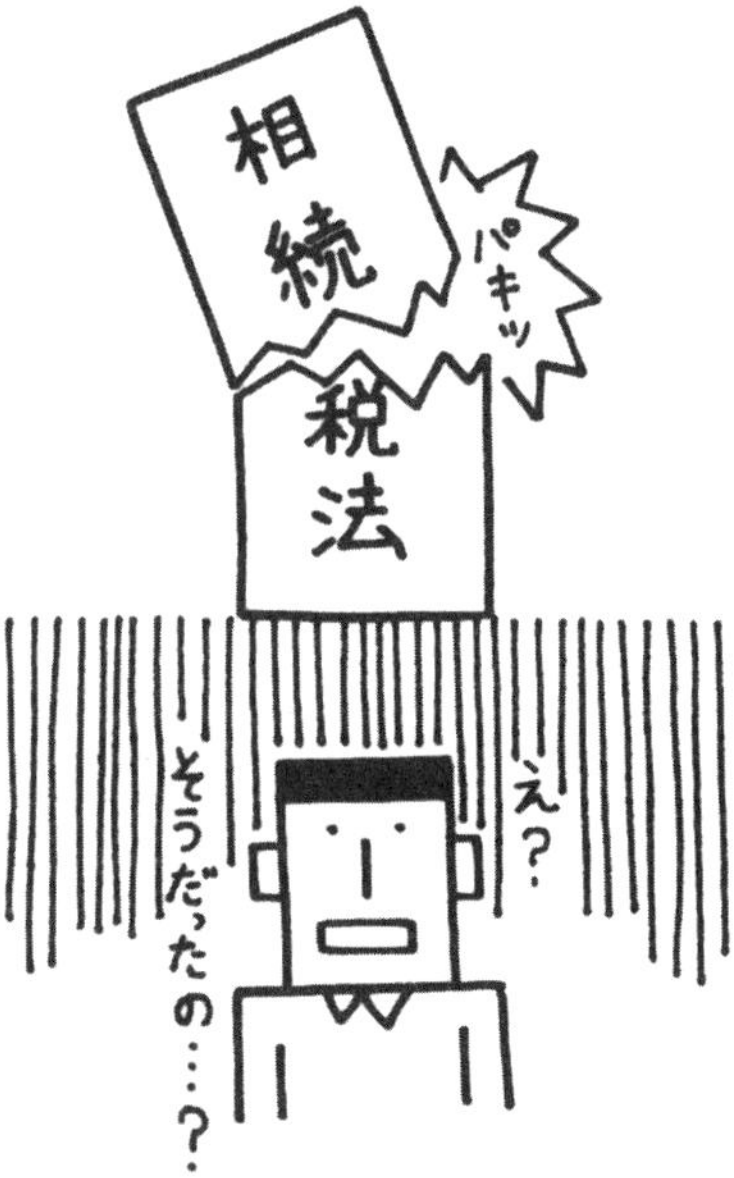

1 都市伝説はホントか？

相続が三代続くと財産はなくなるってホントですか？

仮に被相続人が遺した財産が10億円で、被相続人の配偶者は既に亡くなっていると仮定して、1回目・2回目・3回目とも相続人は子供が1人という最も相続税が高いパターンで計算してみました。とりあえず、相次相続など難しいことは考えずに計算してみます。

1回目の相続の納税額は4億5820万円で、残った財産は5億4180万円になります。

2回目の財産は5億4180万円ですから、これを基に相続税を計算しますと、納税額は2億1090万円になり、残った財産は3億3090万円になります。

同じように、3回目の財産は3億3090万円ですから、これを基に相続税を計算しますと納税額は1億570万5千円ですから、残る財産は2億2519万5千円となります。

結果、三代相続をしても、約2億2千5百万円は残るわけですから、噂どおり財産がな

相続税の計算例

① 1回目の相続財産が10億円でスタートし、2回目以降は前回の残額が相続財産となる。
② 1回目から3回目まで同様に、3,000万円＋600万円×1人＝3,600万円となる。
③ ①−②＝③となる。
④ 18ページの速算表から
⑤ 18ページの速算表から
⑥ ③×④−⑤＝⑥
⑦ ①−⑥＝⑦

1回目の相続

①相続財産	②基礎控除額	③課税価格	④税率	⑤控除額	⑥税　額
10億円	3,600万円	9億6,400万円	55%	7,200万円	4億5,820万円

⑦残　額
5億4,180万円

2回目の相続

①相続財産	②基礎控除額	③課税価格	④税率	⑤控除額	⑥税　額
5億4,180万円	3,600万円	5億580万円	50%	4,200万円	2億1,090万円

⑦残　額
3億3,090万円

3回目の相続

①相続財産	②基礎控除額	③課税価格	④税率	⑤控除額	⑥税　額
3億3,090万円	3,600万円	2億9,490万円	45%	2,700万円	1億570万5千円

⑦残　額
2億2,519万5千円

くなるということはありませんでした。しかし、相続の間で財産を殖やせればいいですが、減らすこともありますので、元々の財産が4分の1以下となるとすれば、気分的に財産がなくなったと、思う気持ちもわからないでもないというところでしょうか。

税務署は竈《かまど》の灰まで持って行くってホントですか?

今の時代、竈そのものがありませんし、もちろん灰などあるはずもありませんが、それなら昔はあったのかということですが、そんなことはありません。資産家にとってはそれくらい相続税は厳しい税であるという喩えだと思います。

相続税の課税対象となる財産は、一般的に土地・建物などの不動産、現金や銀行や郵便局に預けている預貯金、株式や国債・社債などの有価証券、家庭用財産などです。

被相続人が事業を営んでいた人であったら事業用資産、その他の財産として、趣味などで収集した絵画や骨董品、みなし相続財産として生命保険金や死亡退職金などが課税対象となります。

なかには、そんなものまで課税対象になるのかと皆さんが思われる、あまり財産として認識がないものもあり、申告後に税務署に申告漏れと

指摘されるケースもありますのでご注意ください。

たとえば、その一つが、土地取引でよく耳にする借地権です。借地権は、都会に行くほどその権利は強く、地主よりも借地権者の権利の方が高いという場合があります。

この借地権の割合は、国税庁ホームページに掲載されている倍率表や路線価図で確認することができます（検索の仕方は第2章の2で説明します）。

また、権利物としては著作権や漁業権、営業権などがあります。

さらに、実際に相続人が受け取る生命保険金とは別に、「生命保険契約に関する権利」という相続財産もあります。

これは、被相続人が自分自身を契約者、相続人を被保険者、相続人を受取人として生命保険金を掛けていたケースで、相続発生までに被相続人が生命保険会社に支払っていた金額を基として、相続開始日現在で解約したらいくらかという金額が相続税の課税対象となるものです。

このように、目には見えないものも相続財産となります。税務署は竈の灰まで持って行くということはありませんが、想定外のものが相続税の課税対象だったりしますから要注意です。

債務なのに、全額は相続財産から差し引けないのはなぜ？

相続財産から差し引くことができるものとして、被相続人の支払いが確定している債務および葬式費用は財産から差し引くことができます。

特殊なケースですが、債務の全額を相続財産から差し引くことができないケースもあります。

たとえば、無利息で1億円を被相続人が預かっているような場合ですが、その預り金の返済期日が相続開始日から10年後だったとしますと、相続人は10年後に1億円を返還することになります。

債務の額としては1億円なのですが、1億円の全額を債務として差し引けないのです。

この1億円を相続発生と同時に返還しなければならないのであれば、債務は1億円なのですが、返還期日は10年後になりますから、この1億円は10年間運用することができることになります。結論としては、10年間の運用益相当分は債務として差し引くことができないということになるのです。

これは、調査の段階で判明して、相続人に指摘してもなかなか理解を得られない部分ですが、今の1億円と10年後の1億円は価値が違うという理論になりますので注意が必要です。

このことを詳しく知りたい人は、「現在価値」で調べてみてください。

2 生命保険は相続税以外にも課税される？

契約形態の違いで、相続税のほか、贈与税や所得税も

生命保険に関する課税関係については、契約形態によって税目が変わったりしますので、専門家でも判断に迷うことが多く、実際に課税が発生しているのに気がつかず、申告しないままにしていて、税務署に呼び出されて、申告をさせられているというケースも少なくありません。

そこで、生命保険に関する課税関係の基本的事項を説明します。

① 生命保険契約者（生命保険会社と契約をした人：保険金を支払う人）

② 被保険者（保険事故が発生した時に生命保険金や入院給付金が出る対象の人）

③　保険金受取人

一般的なケースで、①が夫、②が夫、③が妻の場合は、夫が生命保険の掛け金を支払って、夫が死亡して、妻が生命保険金を受け取りますので相続税の対象となります。

生命保険契約が満期になり満期金が支払われるケースでは、①が夫、②が夫、③が妻の場合は、夫が負担した保険の満期金を夫が生きているうちに妻が受け取りますので妻は贈与税の対象となります。また、①が夫、②が夫、③も夫の場合は、夫が一時所得の対象となります。

皆さん相続税の場合にはそれなりに既に認識を持っておられて、トラブルなどは少ないのですが、トラブルがあるのは、皆さんに認識がない贈与税と一時所得の場合です。

一時所得の計算は、満期金からそれまでに払い込んだ保険金を差し引き、残りの金額から50万円を差し引き、更に2分の1をした金額が所得金額になり、この金額に所得税がかかります。

贈与税は、110万円の基礎控除をした残りに税金がかかります。

一時所得は、満期金から払込金額を差し引き、50万円を差し引き、さらに2分の1をした金額が所得金額ですから比較的に税負担は少ないのですが、贈与税の場合は110万円の控除しかありませんから税負担は大きくなります。

一例を示しますと、満期金が５００万円として払込金額が４８０万円であれば、差し引き金額は20万円ですが、控除金額が50万円ありますから所得税はかかりません。

満期金が５００万円として払込金額が４２０万円であれば、差し引き金額は80万円、50万円の控除をして30万円、これの２分の１ですから15万円が一時所得の課税対象です。

一時所得は、他の所得（事業所得、給与所得や雑所得など）と総合計して、その金額に税率を掛けて税金を計算しますので、総所得金額が大きいほど高い税率（累進税率）を適用しますから人それぞれに税額に違いは生じますが、たとえば20％の税率が適用される方でしたら３万円の税負担となります。

それでは贈与税ではどうなるかというと、満期金５００万円から贈与税の基礎控除１１０万円を差し引くと、残りは３９０万円です。

３９０万円を、特例贈与（子供や孫が祖父母や父母から贈与を受けた場合）の速算表に当てはめますと税率は15％で税額控除額が10万円ですから３９０万円に15％を乗じた金額から10万円差し引いた金額48万５千円になります。

このように、一時所得と贈与税では全く違う結果が出てきますので、皆さんから、そんなことになるとは知らなかった、生命保険などは誰もが加入しているのに広報不足ではないのかといった苦情を受けます。

実際に保険事故が起こっても、契約形態で課税関係に大きな違いが生じます

また、実際に保険事故（死亡事故など）が発生した場合は保障金額も大きいものですから、さらに注意が必要です。上記のとおり、①が夫、②が夫、③が妻の場合（1のケースとします））は相続税の対象となります。

①が夫、②が夫、③も夫の場合（2のケース）も夫が死亡したわけですから相続税の対象となります。この場合、受取人が夫ですから、夫の相続人（妻や子供）が生命保険金を受け取ることになります。

①が夫、②が妻、③は夫の場合（3のケース）はどうでしょう。夫が生命保険契約者で、妻が死亡して夫が生命保険金を受け取りますので、これは一時所得になります。

さらに、①が夫、②が妻、③は子供の場合（4のケース）は、夫が生命保険契約者で、妻が死亡して子供が生命保険金を受け取りますので、これは夫から子供への贈与になり子供に贈与税がかかります。

生命保険金が3千万円であったと仮定して、財産はこの生命保険金だけだったとしますと、1のケースと2のケースは相続税の対象ですから、相続税の基礎控除は【3000万円＋600万円×法定相続人の数】ですから、相続税はかかりませんし相続税の申告の必要もありません。

受取人が法定相続人であれば、生命保険金の非課税制度が別途使えます。

3のケースの一時所得は、【3000万円－500万円（払込金額が500万円と仮定した場合）－50万円した金額の2分の1】ですから所得金額は1225万円になり、他に所得がなくこれだけで計算（基礎控除38万円、扶養控除などの各種控除を考慮しない）しても、所得税は250万6500円になります。

4のケースの贈与税は、【3000万円－110万円＝2890万円】ですから、特例贈与財産用の税率は45%で税額控除は265万円ですから、贈与税額は1035万5000円になります。

このように、生命保険の契約形態で税額に大きな差が生じてきますので、契約する時点で保険金受取人を誰にするかという検討は必須だと思いますが、皆さんそこまで検討して契約されているのは稀

だと思われます。

ただし、税金を気にされるあまり、本来生命保険金を受け取るべき人を間違えることのないようにだけはお願いします。

3 相続税には隠れた不公平がある？

相続税には不公平があるのはご存知でしょうか。

相続人が子供2人の場合（207ページの別表3のケース5）を考えてみましょう。

相続した金額が同じでも納税額は違う？

相続財産が1億円ですと相続税額は770万円です。また、相続財産が10億円ですと相続税額は3億9500万円です。

二つの相続が別々に発生したと仮定して、それぞれの被相続人の子供を甲（長男）・乙（次男）とします。

財産が1億円のケースでは、相続財産を子供2人が法定相続分で相続しました。甲・乙ともに相続した財産は5千万円ずつです。

一方、財産が10億円のケースでは、相続財産のうち、甲が9億5千万円を相続し、乙が5千万円を相続しました。

このように、相続財産の総額は10倍の差があるのに、両ケースの乙が相続した財産は、1億円のケースでも10億円のケースでも5千万円で同じです。

相続税の納税は、相続税の総額を相続した割合で納税することになっていますので、1億円の乙の場合は、相続税の総額770万円の1億円分の5千万円ですから385万円が納税する相続税になります。

一方、10億円の乙の場合は、相続税の総額3億9500万円の10億円分の5千万円ですから1975万円が納税する相続税になります。

このように、同じ5千万円という金額の財産を相続しても親の財産が1億円の場合は385万円、親の財産が10億円の場合は1975万円と約1600万円の税金の差が出ます。

これでは、10億円の相続財産を親に持つ乙から不公平だと言われても仕方がありません。

もっと極端なことも起こります。3番目のケースとして相続財産の総額が5千万円だったとしましょう。

二つの前例と同じように、乙が五千万円を相続したとします。この場合甲は相続しません。

基礎控除は、4200万円ですから課税される価格は800万円です。課税価格が800万円ですと、税率は最低税率の10％ですから相続税額は80万円です。

乙は全財産を相続しますから、相続税は全額を乙が納税することになります。それでも納める相続税は80万円なのです。

同じ金額の5千万円を相続したとしても、10億円のケースと、5千万円のケースとの差は、実に約1900万円も違うのです。

このような不公平が指摘され、以前、相続財産の金額による課税が論議されていましたが、税制改正はありませんでした。

10億円も相続財産があるのに、5千万円しか相続しないということはあまり考えられませんが、このように相続税には同一の金額を相続したにもかかわらず、納税する相続税の金額に差があるという不公平が生じているのは事実です。

相続税だから不公平でも議論されない？

私はたくさんの相続税の申告書を見てきましたから、同じ金額の財産を相続されているのに、一方では1千万円の相続税を納めて、一方では3千万円の相続税を納めているのを見て「これはまさに不公平だなぁ」と感じていたのですが、あまり、税制改正論議の俎上に載せてもらえません。

相続税は知名度が低く、相続を経験する機会は少ないので、ご近所で「私は1億円の財産を相続して1千万円の相続税を支払った」とか、一方で、「私は1億円の財産を相続して3千万円の相続税を支払った」とかの話をする機会はありませんから闇に隠れているのでしょうか。

これが所得税だったらどうでしょう。

1年間の利益金額が甲・乙ともに1千万円だったと仮定して、甲は100万円の所得税がかかり、乙には300万円の所得税がかかったとすると「不公平だ！」の大合唱が起きることは間違いありません。相続税の不公平は所得税で仮定したことと同じはずなので

すが……。

相続税の創設時の趣旨、「富の再分配」という意味においては、現状のままでも妥当なのでしょうか……。

4 贈与税の基礎控除っていくら？

さて、ここで問題です。

「贈与税の基礎控除はいくらでしょうか？　根拠条文も示してください」

110万円の基礎控除は特別措置？

「えーっと、110万円で、根拠条文は、相続税法第21条の5で課税価格から60万円を控除するとなっています。あれっ、110万円じゃない。この法規集古いのかな？　そんなことないな、平成27年7月1日現在になっているな。誤植かな？　中央経済社に限ってそれはないかな」

相続税法で贈与税の基礎控除は昭和50年以来ずっと60万円です。110万円というのは、租税特別措置法第70条の2の3で平成13年以後の贈与税の基礎控除は110万円とすると決められたものです。

租税特別措置法というのは、いわゆる時限立法というもので、その時々の社会情勢や経済情勢などを考慮して決められた法律です。

時限立法ですから、期限が区切られています。今のところ贈与税の基礎控除を110万円とする租税特別措置法は延長されてきた経緯がありますから当分の間は継続すると思われます。

後ほど、名義預金については詳しくお話ししますが、現在の相続税調査で一番問題になるのが「名義預金」、いわゆる妻名義であるとか子供名義・孫名義の預貯金です。

調査をしていると、妻の名義の預貯金が異常に多いとか、遠くに嫁いでいる子供の預貯金が実家の近くの銀行に預けてあるとかでしたら税務署の調査担当者は必ずその預金の発生の状況や蓄積の状況などを念入りに調査します。

稀に妻の実家が資産家で、妻の父母が亡くなった時の相続財産が預貯金になっていたりしていますが、そのようなケースでは妻の預貯金が多いのは当然なので、調査官はあっさりとあきらめて、次の項目を調査します。

110万円の基礎控除はいつから？

なかには、結婚以来ずっと主婦業専念の方が数千万円という預貯金を持っている場合があります。

まずは、本人に「この預貯金は、あなたのものですか」と尋ねるのですが、「いいえ、実は亡くなった主人のものです」とは、誰一人として答えません。

仮に、妻名義の預貯金が3千数百万円あったとして、その時の妻の答弁が、「この預貯金は、亡くなった主人が毎年贈与税の基礎控除の範囲内で、かれこれ30年くらい贈与をしてくれましたのでこの金額になりました」と言われる場合があります。

もう気付かれた方がいらっしゃるかと思いますが、そうです贈与税の基礎控除が110万円になったのは平成13年からなのです。まだ十数年しか経っていません。それ以前は60万円だったのです。

答えた奥さんは、「昭和の時代から、贈与税の基礎控除110万円の範囲内で主人から贈与を受けていました」と言ったのと同

じことなのです。

税務署の調査担当者は、この答弁はウソだとすぐに気付きます。

そうなると、さらに深度のある調査を受けることになりますから、税法という専門的分野の内容の入ったウソはつかないに限ります。

いずれにしましても、贈与税の基礎控除が110万円になったのは平成13年からですから、そのことは覚えておいてください。

5 土地の使用貸借なので借地権なし？

子供が自分の家を建てるのに、親所有の宅地上に建てる場合がありますが、この場合の税金関係について、よく相談を受けます。

相談の内容は、次の二つがよくあります。

① 権利金や地代を子供から取らないと、贈与の関係が生じるのではないか。

② 親が亡くなった時には宅地の評価はどうなるのか。

借地権って？

通常、他人に建物の建築目的に土地を貸す場合には権利金を受け取ります。

なぜ、権利金が発生するのかを簡単に説明します。

自分の所有宅地に他人の建物が建つと借地借家法により借地権が発生します。

借地権の割合は、通常その地域での慣行が基準になりますが、国税庁のホームページの路線価図や倍率表を見れば土地ごと、または地域ごとに借地権割合が表示されています。

借地権割合は、都会に行くほどその割合は高く、過疎地に向かえば徐々に低くなります。

通常の地域での借地権割合は60％が多いので、ここでは借地権割合を60％として説明します。

わかりやすいように、他人に貸す宅地の価額を1千万円だとします。

1千万円の宅地を貸して、地代を受け取るだけでしたら地代収入だけです。相手が権利として手に入れる借地権は地主の損ということになります。

相手が手に入れる借地権の価値は6００万円（1千万円に60％を乗じた金額）ですから、地主は6００万円をもらわないとプラスマイナスゼロとはなりません。この6００万円が権利金となるわけです。

親子間での権利金って？

しかしながら、子供に土地を使用させるのに権利金は取りません。

そこで、地代だけを取ると借地権は子供に移るという理論から、借地権相当額の600万円は親から子供への贈与となります。

さて、①の件ですが、相談は子供に無償で土地を貸せば贈与の対象にならないかという相談なのですが、答えは、有償であれば借地権相当額600万円が贈与の対象になりますということになります。

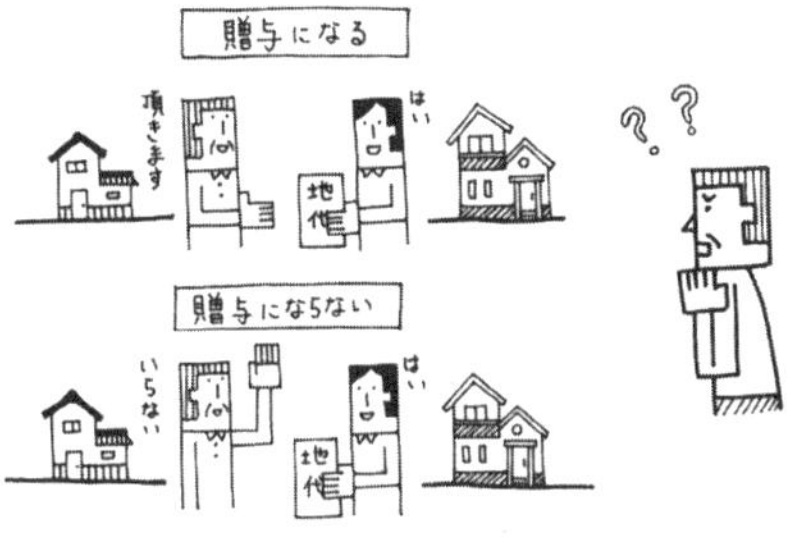

これは、相談者に説明しましても、なかなか理解し難いことらしくて、すんなりと「はい、わかりました」とは言ってはもらえません。

次に②の件ですが、親が亡くなった時の宅地の評価は、自用地宅地として100％の1千万円の評価額となります。

このように、無償で行う親子間の宅地の貸し借りを「宅地の使用貸借」と言っています。単に子供に宅地を使わせてやっているだけということです。

6 遺言どおりに相続できない？

民法に、遺留分減殺請求というものがあります。

たとえば、父親が、子供は複数いるのですが、全財産を長男に相続させるという内容の公正証書遺言を残して亡くなったとします。

このような偏った内容の遺言書は幾度となく目にしました。ほかにも偏った内容の遺言として、全財産を妻（後妻）に相続させるとか、稀ですが他人様に相続させるというものもあります。

老後の面倒を見てくれた人に財産をあげたい

公正証書遺言は、頭がしっかりしているうちに作成しますから、認知症になってから作成したものではありませんので、それはそれなりに考えがあって作成されたものだとは思いますが、このような偏った内容の、作成した方の意思がはっきりしないものであると、財産をもらえない相続人は「はい、そうですか」とすんなり納得できるものではありません。

けっこう多いのが、自分の老後の面倒を真剣に見てくれた人だからという理由です。歳をとれば気力も体力も弱くなります。ましてや、病気などで寝たきりなんかになれば、人の手を借りなければ生活はできません。

過去はどうであれ、そんな時に親身になって面倒を見てくれた人には心から感謝したいものです。

年寄りが、感謝の気持ちを形で表わすとしたら、財産をあげるというのが一番の方法と言いますかそれしかないとも言えます。

歳をとると、考え方も偏ってきますので遺言書も偏った内容のものになるのではないかとも思われます。

しかし、財産の内容にもよりますが、あまりに偏った内容の遺言書を遺すと相続争いは避けられません。

遺言書を遺した本人が相続争いを引き起こすようなものなのです。

財産の内容にもよると書きましたが、たとえば、自分の財産は、今住んでいる家とその敷地と少々の預貯金というものだったとしたら、「全財産を妻に相続させる」という内容の遺言書であっても常識的なものであり、この遺言書によって相続争いが発生することは稀でしょう。

しかし、数億円の財産があるのに、全ての財産を長男に相続させるという遺言書を遺したら、相続争いの引き金みたいなものです。

このような案件で、財産をもらえなかった方はよほど変な人だろうなと思って会ってみると、普通の常識人だったりします。だったら何故という疑問が起きてきますが、亡くなった方にはそれなりの考えがあったのだろうと想像することしかできません。

とはいえ、もらえるはずの財産が全くもらえないのでは、やはり、相続人なら、それなりの請求をしたいものです。

配偶者と子供と父母なら遺留分減殺請求ができる

そこで、表題にもしました遺留分減殺請求です。財産をもらえなかった相続人は、当然に遺留分減殺請求をします。

遺留分減殺請求というのは、財産をもらった人に対して行うものです。遺留分は決まっていて、父母は法定相続分の3分の1です。妻や子供は法定相続分の2分の1です。兄弟姉妹には遺留分はありません。相続人が、妻と、子供が長男と次男の場合は、次男の遺留分は8分の1（法定相続分が4分の1なので、その2分の1）になります。遺留分減殺請求が行われているような案件は、相続争いの最たるものと言っても過言ではなく、それは泥沼状態です。

このような場合、相続税の申告はどのようにしたらよいのかと疑問が湧くでしょうが、長男は遺言書に従って相続開始日から起算して10か月以内に亡くなった方の住所地の税務署に相続税の申告書を提出します。次男は、もらえる財産がないわけですから相続税の申告の必要はありません。

しかし、遺留分減殺請求によって次男が長男から財産をもらえるようになった時には、亡くなった方の住所地の税務署に相続税の申告書の提出をすることができます。

普通、相続開始日から10か月以内に相続税の申告書の提出をしないと無申告加算税（相続税額の15％）を賦課されますが、長男から財産をもらったことにより相続税の申告書を提出した場合は無申告加算税は賦課されません。

いずれにしましても、遺言書を作成される方はできるだけ相続争いが起きないように配慮して遺言書を作成されますように、また、子供などの相続人は、偏った遺言書を作成されることのないように、親と日頃から意思疎通をまめに行い、親が病気などになった折には看病等を他の兄弟姉妹に任せっきりなどにしないよう努めることが肝要かと思います。

7 この頃流行の一括贈与って？

教育資金の一括贈与という特例があります。また、結婚資金および子育て資金の一括贈与という特例もあります。

この特例の概要を説明します。

教育資金の一括贈与非課税制度

この特例は、平成25年4月1日から平成31年3月31日までの間に、30歳未満の方が教育資金に充てるため、祖父母などから贈与を受けた1500万円までの金額は金融機関を通じて教育資金非課税申告書を提出することにより贈与税がかからないというものです。

結婚子育て資金の一括贈与非課税制度

この特例は、平成27年4月1日から平成31年3月31日までの間に、20歳以上50歳未満の方が、結婚・子育て資金に充てるため、父母や祖父母などから贈与を受けた1千万円までの金額は金融機関を通じて結婚・子育て資金非課税申告書を提出することにより贈与税がかからないというものです。

これも、経済活性化の一環で、政府が預金として眠っている高齢者の預金を市中に出させて、景気回復を図ろうとする目的で創設された税制です。

そもそも学費や結婚資金を扶養者が負担するのには課税していなかったはず？

以前から子供の入学金であるとか学費のような教育資金については、それが医学部のような一年間贈与税の基礎控除の110万円をはるかに超えるような高額なものであったとしても、そもそも贈与税の課税は行っていませんでしたから、「何で今更」このような法律を作るのかという感はあります。

同じようなものとして、結婚式の費用など、地域によってはとても高額になるとも聞いていますが、結婚式の費用1千万円を親が負担したとして子供に贈与税を掛けたという話は一度も聞いたことがありません。

このような、そもそも親が子供の扶養義務に関するような目的で支出した金銭に対しては税務署も贈与税の課税は控えてきたという経緯があります。

この法律を最初に見た時には、先ほども書きましたが「何で今更」と思ったものです。

少子高齢化の時代に突入していますので、子育てを支援する政策にはもちろん大賛成ですが、そもそも以前から課税もしていなかったものを、法律を作ることで前面に出して何の意味があるのだろう、しかも、贈与を受けた資金を使用する場合には金融機関を通して行わなければならないなど、手続きは手間が掛かるものとなっています。

穿った見方をすれば、このような法律ができるということは、今まで高額の教育資金や結婚式費用であっても課税していなかったものが、このように金融機関を通じた贈与でなければそれ以外の贈与は課税するのかとも思いますが、長い間課税してこなかったものを手のひらを返したように課税するということは考えられませんから、私のお客さんには教育資金の贈与は勧めません。

孫へのプレゼントとしては養子縁組よりもいい？

ただ、祖父母から一世代飛び越えて相続させるために、養子縁組を考えていたなら、一考に値するでしょう。戸籍を汚すことも2割加算（孫が養子縁組により相続人になった場合などは相続税額が2割加算される制度）もありませんし、祖父母の相続財産をあらかじめ減少させる効果はあります。祖父母が元気なうちに行う孫へのプレゼントとしてはいいかもしれません。

また、学業などの資金は親が出すのが当たり前と思っている子

供に対しては、目に見える形になりますので、学業に専念するキッカケになるかもしれません。もしかしたら、子供から「ありがとう」の感謝の一言が聞けるかもしれません。

何にしましても、過去から、このような教育とか結婚に支出する費用には贈与税を課税していなかったことは確かです。よく考えて判断しましょう。

8 離婚の財産分与は贈与税以外にも要注意？

近年、離婚に関する相談が増えてきました。

これも今の世相を反映するものかと思われます。相談者は90％（統計ではありません。私の感覚です）が女性です。

財産分与で渡した側に譲渡所得課税？

離婚相談は、財産分与に関するものがほとんどです。愛情も消えた相手（愛情どころか憎しみさえ感じている相手）から、財産をもらったら税金はどうなるのかというような相談ですから、相談を受ける側も憂鬱になる、できるならば避けたい相談です。

離婚を前提とした財産分与ですが、基本的には財産分与を受けた財産の額が常軌を逸していなければ贈与税の対象とはなりません。

外国の芸能人などで、離婚するに当たり慰謝料として何十億円というものがありますが、そのような金額を渡せる人はそれ以上にお金を持っているわけですから、常軌を逸しているとは言わないのでしょう（あくまで個人的見解ですけど）。

極端な例を示しますと、結婚をして半年（いや、１か月でも同じ）で離婚して、１億円の慰謝料をもらった場合はどうなるのかという疑問も湧き上がってきますが、税務職員だった頃の私でしたら何か裏があるのではないか（たとえば、特別な事情があり、単に１億円を渡したのでは高額の贈与税がかかるから、偽装結婚・偽装離婚したのではないかと勘繰ったりするのかもしれませんが、そこにきちんとした理由があって、支払う側にもそれなりの資力があれば贈与税の対象にはならないと思われます。

これは、ケースバイケースの問題ですからきちんと線引きすることは難しいでしょう。

ただし、離婚を条件としますので、離婚後ずいぶん経ってから財産をもらえば通常の贈与になり、基礎控除は１１０万円しかありませんから、すぐに贈与税の対象となります。

女性からの相談が90％と書きましたが、残りの10％は財産を渡す方の男性からの相談です。

男性も、財産を渡してさらに相手に贈与税がかかるのであれば、さらに財産を要求されるおそれがありますから戦々恐々です。

相談では、まず財産分与は現金・預金でするのか、または他の財産でするのかを聞きます。現金で財産を分与するのであれば問題はないのですが、今まで二人で住んでいた家を渡すような場合であるとか、他に所有していた不動産を渡すような場合は、渡す方が所得税（譲渡所得）の申告をする必要が生じてきます。

このように説明しますと、財産を渡す方の皆さんは「あなたは何か勘違いをされていませんか。私は財産を渡す側なんですけど」と言われます。

相手に贈与税がかかってきたら困るという相談なのに、あろうことか財産を渡す方が所得税の対象になるという回答には皆さんどうしても理解に苦しむみたいなのです。

正直言って、私も税務署に勤めていなければ「そんな馬鹿なことがあるか！」と怒りをぶちまけていたことでしょう。

ちょっと不思議ですが、譲り渡すときに利益が確定するのです

とはいえ、ご理解いただきたいので、頑張ってご説明をしますと、不動産で渡すような場合ですと、不動産は自分の所有物になった時から自分の手を離れる時に所有していた期間の利益の精算をしなければならないことになっています。

その原因が売却によるものであろうと、離婚による財産分与によるものであろうと、精算が必要なことに代わりはないのです。もちろん、所有していた期間の利益の精算ですから、利益がない（損失が生じている）のであれば所得税の申告は必要ありません。

たとえば、購入金額が1千万円で、離婚で財産分与する時にその時価が2千万円になっていれば、所有期間に1千万円の利益が生じていることとなり、所得税の申告が必要になってくるのです。

もっと簡単に言えば、1千万円で取得した財産を2千万円で売却して、その2千万円の現金を離婚する相手に渡したことになるのです（余計にわかりにくくなりましたか）。

救いなのは、不動産を財産分与で渡すような場合は、大半の方が今まで二人で住んでいた家とその敷地を渡されるケースが多いので、今まで居住していた資産（居住用資産）を

売却した場合の特例（利益金額から3千万円の特別控除ができる）が使えることなのです。

ここまで説明すると、ようやく皆さんホッとされるのですが、所得税の申告が必要と説明した段階で「何ということを言っているのか、あなたは頭がおかしいのではないか！」と怒って電話を切られる方もいらっしゃいますので、何とも難しい、理解が得られにくい問題です。

念のため追記しますと、居住用資産を財産分与で渡された場合、結果として3千万円の特別控除がありますから、利益が3千万円以内であれば税金はかかりませんが、所得税の申告をしたら適用できる特例ですから、所得税の申告は必ずしていただきますようお願いします。

離婚しても生命保険を継続？

離婚相談では、生命保険に関する相談もあります。

相談者は「別れる主人が保険契約者および被保険者で、私が保険金受取人となっている生命保険があるのだが、別れてしまうと主人が別れた後で保険金受取人を勝手に変更してしまうおそれがある、どうしたらよいか」という相談です。

私は呆れてしまいました。別れてしまった後でも、元旦那が死んだら生命保険金を受け取るつもりなのか。このような考え方ができる人間もいるものなのか。「旦那さん、早目に別れることにして良かったなあ」と心の中で呟きながら「そのようなことはわかりませんから、弁護士さんにでも相談してください」と言って電話を切りました。

相談の答えとしましたら、保険契約者を相談者の名前に切り替えただけなら贈与税の対象にはなりません。

すでに、生命保険に関する課税関係を書きましたが、このケースの場合は、元旦那さんが払い込んだ保険金（生命保険契約に関する権利）を財産分与で受け取ったのですから、保険契約者を元妻に書き換えても、それまでの掛金は元妻が支払ったことになります。

万一、将来に元旦那が亡くなったら、元妻が生命保険金の受取人ですから、保険契約者は元妻、被保険者は元旦那ということになり、元妻が受け取った生命保険金は一時所得の対象になります。

しかしながら、被保険者が別れた元旦那のままで、元妻が生命保険金を掛け続けること自体、社会常識に反しているように思います。

生命保険金絡みで事件が発生している昨今、別れた元妻から生命保険をかけ続けられる元旦那は、安心して生活できるのでしょうか。

第二章

相続税の計算をしてみましょう

1 法定相続人の数と配偶者の有無が相続税額を計算するポイントです

先日、新聞に相続税の解説記事が掲載されていて、その内容が、「財産が4億円あったら半分が相続税ですか？」というものでした。さすがに、厳しくなったと言っても、そこまでは……と思うのは専門家で、税率ばかり見ていたら、そんな意見になってしまうかもしれませんね。

確かに、相続税の税額表や速算表を見てみますと、課税される財産（全財産から、債務と葬式費用を差し引いた金額、以下「財産」と書きます）が4億円ですと、6億円以下の範囲になりますから、税率は50％（18ページ、203ページの【相続税の速算表】をご覧ください）。

相続税や税金全般について、それほど知識がない方がこれを見られたら、「相続税は高いとは聞いていたけれど、財産を4億円持っていたら半分の2億円が税金とは厳しいね」と思われる方も少なくないということでしょう。

結論から言えば、4億円の財産があっても半分もの相続税を納めることにはなりません。

相続税の計算は複雑で、所得税や法人税のように利益金額に税率を当てはめて算定するという方法とは異なります。

それでは、財産が４億円ある方の相続税を17ページの【相続税のしくみ】に従って計算してみましょう（各相続人が法定相続分どおりに相続したとして計算します）。

パターン①は法定相続人を配偶者と子供２人として計算してみます。結果、４６１０万円となって、半分の２億円からはずいぶんと違った金額になりました。

パターン②は法定相続人を子供３人として計算してみます。結果、８９７９万９６００円と、配偶者控除がないので、パターン①に比べ、ずいぶんと高額になりました。

このように、相続税の計算は財産の総額から直接税額を算定するのではなく、財産から債務や葬式費用と基礎控除を控除します。控除後の財産を相続人各自の法定相続分で分配したとした金額を求めて、相続人ごとに相続税率を乗じ相続税額を算出します。そして、各人の相続税額の合計額が相続額の総額となります。この相続税の総額に、実際に相続した財産の割合を乗じた金額が各人の相続税の算出税額になります。さらに、各人の税額控除額を差し引いた金額が各人が納付する相続税となります。

法定相続人の数や、法定相続人と亡くなった方との関係によって、法定相続分が異なり

パターン①法定相続人が配偶者と子供2人のケース

① **課税される財産**：4億円

② **課税される財産から控除できるもの**：0円

③ **相続税の基礎控除**（3,000万円+3人×600万円=4,800万円）

④ **相続税の課税対象価額の算定**（図解）

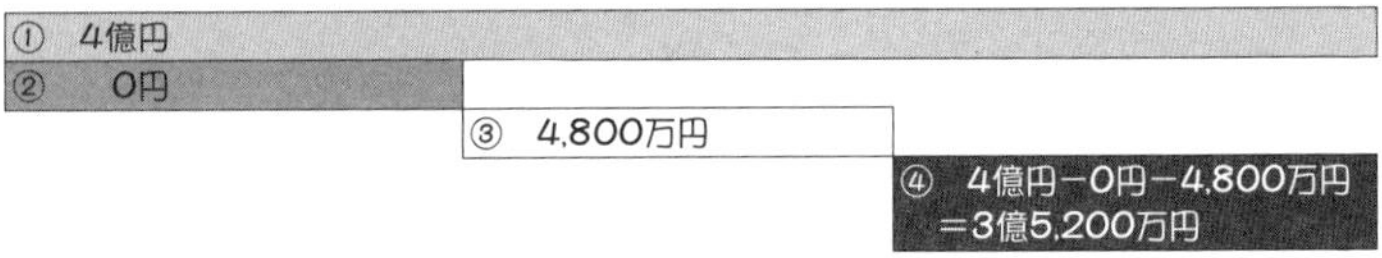

⑤ **相続税の計算のしかた**

1）上記④の価額に、各人の法定相続分を乗じる。

配偶者：3億5,200万円×$\frac{1}{2}$=1億7,600万円

子　　：3億5,200万円×$\frac{1}{4}$=　8,800万円

2）法定相続分を乗じた金額を相続税の速算表に当てはめて相続税額を算出する。

配偶者：1億7,600万円×40%−1,700万円=5,340万円
子　　：　8,800万円×30%−　700万円=1,940万円

3）複数の相続人がいる場合は、上記1）〜2）を繰り返す。

子が2人なので、1,940万円×2人=3,880万円

4）3）で求めた各相続人の相続税額を合計すると、その金額が相続税の総額になります。

5,340万円+3,880万円=9,220万円

5）なお、相続人の配偶者が財産を相続すれば、配偶者の税額軽減の特例（法定相続分もしくは1億6,000万円までは控除される）が受けられますから、上記4)で求めた相続税の総額が最終的に納税する相続税額ではありません。税額控除できるものには、配偶者の税額軽減のほかに未成年者控除や障害者控除などがあります。

⇒配偶者が法定相続分どおり2分の1の2億円を相続すると，4,610万円は控除されるので、相続税の納税額は4,610万円となります。

パターン②子供3人のケース

① **課税される財産**：4億円
② **課税される財産から控除できるもの**：0円
③ **相続税の基礎控除**（3,000万円+3人×600万円=4,800万円）
④ **相続税の課税対象価額の算定**（図解）

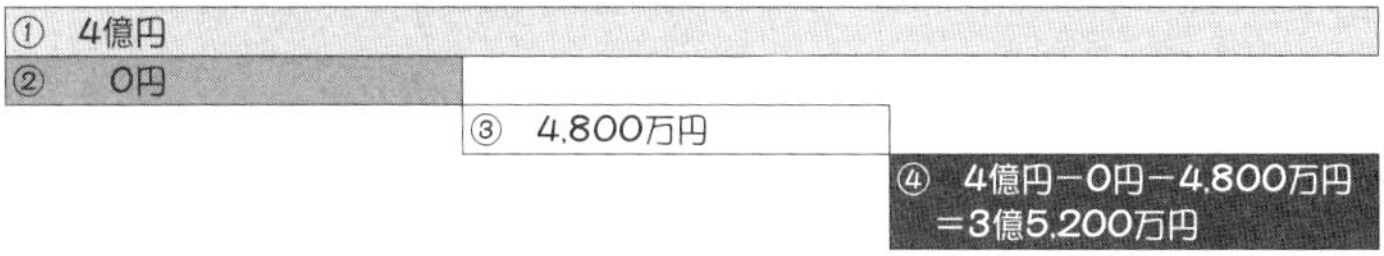

⑤ **相続税の計算のしかた**

1）上記④の価額に、各人の法定相続分を乗じる。

子：3億5,200万円×$\frac{1}{3}$＝1億1,733万3,000円（千円未満切捨て）

2）法定相続分を乗じた金額を相続税の速算表に当てはめて相続税額を算出する。
子：1億1,733万3,000円×40%－1,700万円＝2,993万3,200円

3）複数の相続人がいる場合は、上記1）～2）を繰り返す。
子が3人なので、2,993万3,200円を3人分

4）3）で求めた各相続人の相続税額を合計すると、その金額が相続税の総額になります。
2,993万3,200円×3人＝8,979万9,600円

5）なお、相続人の配偶者が財産を相続すれば、配偶者の税額軽減の特例（法定相続分もしくは1億6,000万円までは控除される）が受けられますから、上記4)で求めた相続税の総額が最終的に納税する相続税額ではありません。税額控除できるものには、配偶者の税額軽減のほかに未成年者控除や障害者控除などがあります。
⇒配偶者控除等はないので、8,979万9,600円

ます（13～16ページの【法定相続分のケース】をご覧ください）。法定相続分が異なれば相続税額も大きく異なってきます。

相続や相続税の話において、法定相続人は大変重要だということを肝に銘じてくださいね。

2 とりあえず、もしもに備えて、納税資金の確保が最優先です

もし、自分に何かあったら……など、病気中ならいざ知らず、健康体である時は考えたくもないというか、考えられないものでしょう。

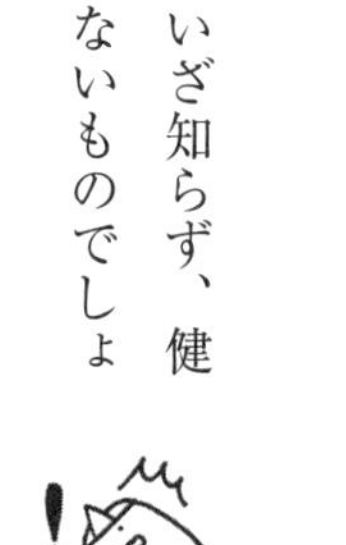

しかし、今は何が起こるかわからない時代です。自然災害や交通事故に遭遇する危険性はここ数年高まってきているように思うのは私だけではないでしょう。

ある程度の資産がある方は、と言っても、この「ある程度」の判断が難しいので、相続税が気になる方は、万が一自分に何かあったら、どれくらいの相続税が掛かるのか、一度

は計算をしてみて、配偶者や子供達が相続税の納税資金に苦慮しないよう、また、相続争いを起こさないよう備えておくことも必要だと思います。

財産が、土地や建物が大半で現金・預金がないという場合には、配偶者や子供達が相続税の納税に苦慮します。

また、配偶者や子供達が相続税の納付のために不動産を売却しようとしたら、相手に足元を見られて買い叩かれるおそれもあります。

ご自分が元気なうちに、相続税の納税資金のことも考えて、生命保険を利用して相続税相当分は確保できるよう備えておくとか、財産が不動産のみの場合には、不動産を売却して預金を持つなど、財産構成を変えることも考えておいた方が、いざという時に配偶者や子供達が慌てなくて済みます。

また、配偶者や子供達が相続争いなどをして、家族がバラバラにでもなろうものなら、財産など残さなかったら良かったと、あの世で悔やむことになるかもしれません。

相続税は馴染みの薄い税金ですが、自分の財産の評価額さえ算定できれば、自分に万一の事があったらおよそどれくらい相続税がかかるのかを知るのは簡単です。

そこで、相続税の算定の簡単な方法を説明しますから、一度ご自分で計算してみてください。

そして、算出された相続税額と、ご自分の財産の構成を比較して、相続が発生した場合に、配偶者や子供達が慌てることはないかどうかを十分に検討してみてください。

突然に大黒柱を亡くし、相続税で困っている方はけっこう多いものなのです。

まず、土地の評価額の出し方です。

土地の評価額の算定の仕方には、倍率方式と路線価方式があります。

倍率方式は、固定資産税評価額に地域ごとの定められた倍率を乗じて相続税評価額を算定する方法ですから、固定資産税評価額さえわかれば簡単に相続税評価額を算定することができます。

路線価方式は、道ごとに1平方メートル当たり千円単位で地図に表示されていますから、不動産の所在地の前面に表示されている路線価格に面積を乗じることによって相続税の評価額の概算を算定することができます。

この評価倍率や路線価は、国税庁のホームページのトップページの左下のバナー（路線価図）→路線価図・評価倍率表の平成二七年分（最新年分）→都道府県（日本地図）→路線価図又は評価倍率表→市区町村→字名で見ることができます。

建物は、固定資産税評価額の金額です。

不動産の相続税の評価額がわかれば、あとはご自分の現金・預金、有価証券の金額を合計して、本章*1*のように計算してみてください。それが面倒な方は、205～207ページの別表3の【ケース別にみた相続税の試算】の表に、算出した財産価額を当てはめれば、概算であなたの相続税がどれくらいになるのかがわかりますから、その結果において、このままでよいのか、相続税相当分の資金の確保を検討しなければいけないのかなどを考えてみてください。

国税庁ホームページの路線価図

（兵庫県明石市田町１（59338））

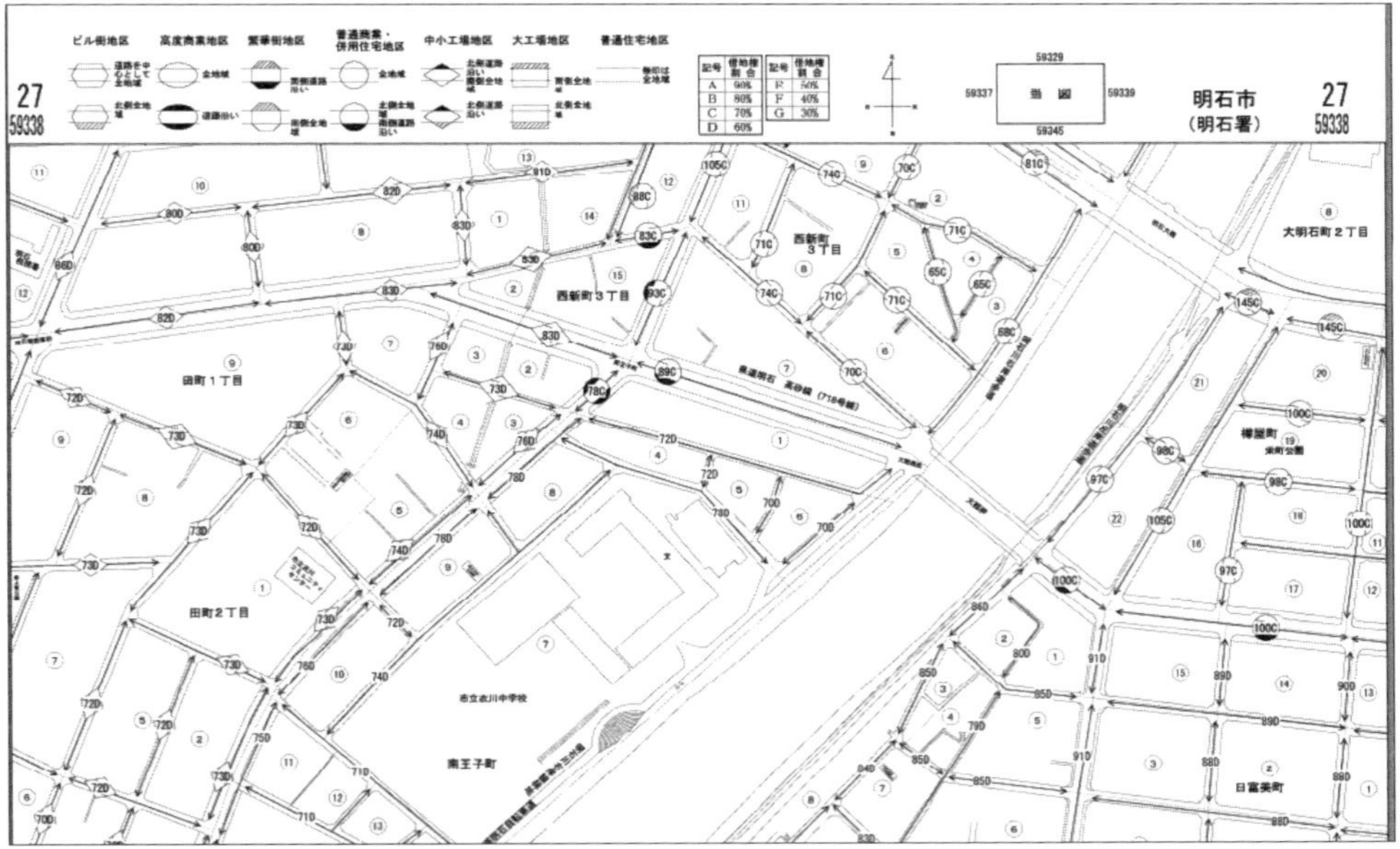

第三章

聞いといたら得する？ 実話

1 相続人以外でも保険金が下りれば相続財産になる？

相続税の調査では、相続人に案内してもらって家の中を全て見せていただきます。なぜ、そのようなことをするかといいますと、お金持ちはどのような家に住んでいるのかという興味本位で見せていただくのではありません。

家庭訪問で申告されていない財産をチェック

税務署の調査担当者は、相続税の調査に行く前には相続人から提出された相続税の申告内容を十分に頭の中に入れて調査に臨みます。家の中を見て回るのは、申告されていない財産がないかどうかを確認するためなのです。

税務署が調査に来るのに、申告していない財産が家の中に置いてあるはずがないと思われるでしょうが、けっこう見るべきところはあるのです。

申告されていない高価な絵画が応接間に飾ってあるというような単純なケースはありませんが、たとえば、家の中に吊るしてあるカレンダーや置いてある卓上カレンダーなどを何気なく確認するのです。

家の中にあるカレンダーは、銀行や証券会社や生命保険会社などの金融機関のものが多く、頭に入れている申告された金融機関と瞬時に照合するのです。

相手は資産家ですから、取引もない金融機関のカレンダーが家にあるなどとは考えられません。申告されていない銀行のカレンダーが家にあるということは、その銀行の預金は申告されていないのではないかと勘ぐるわけです。そして、税務署に帰りましたらすぐにその銀行に出向いたり照会したりして預金の存在を確認します。

また、倉庫などにゴルフクラブが置いてあることも見逃せません。私と違って相手は資産家です。私もたまにはゴルフを楽しむことはありますが、なかなかゴルフ会員権を手に入れるということはできません。資産家の家にゴルフクラブがあればゴルフ会員権があるというのは調査の常識です。ゴルフ会員権の申告がなければ申告漏れを想定して、その場で「ゴルフ会員権は持っておられなかったのですか」と相続人に確認します。

さらに、倉庫に高価な家具や書画・骨董といったものがないかということも何気なく確認します。

そんなわけで、相続税の調査では必ず家の中は見せてもらいます。

本題に戻りますが、ここに紹介する相続税の調査は、当時還暦を少し超えた会社社長が被相続人で、相続人は配偶者である奥さんと結婚して嫁いでいる娘さんの二人という事案でした。

故人の遺影がない？

調査に立ち会ったのは、奥さんと相続税の申告書を作成した税理士さんでしたが、被相続人の経歴や趣味などの一連の聴き取り調査も終わり、家の中を見せてもらっている時のことでした。

家の中を順次案内していただいて仏間に入ると、何かいつもと違う違和感があったのです。

それまでに何百件という相続税の調査を経験してきて感じる何かが違う、でもその何が違うのかがわからない。

しっくりといかない感覚のまま、仏壇に手を合わせて立ち上がった時に、ふと奥さんの顔を見て、違和感の原因がわかりました。

故人の遺影がないのです。普通、家の仏間にはどこの家でも先祖の方々の写真が順番に飾ってあり、最後にこの度亡くなった方の写真があるのですが、その家は古い写真ばかりで目の前にいらっしゃる奥さんの旦那様の写真がないのです。

別に、亡くなられたご主人の顔を見たいわけではありませんが、あるべきものがないとどうしても気になるので「奥さん、ご主人の遺影がありませんね」と尋ねるとそれまで自然に対応していただいていた奥さんが急にそわそわとしだしました。

相続税に限らず調査をしていると、こちらが痛いところを衝いた瞬間に相手の方の行動に異変が見て取れます。急にそわそわしたり、話を逸らしたり、時には怒り出したりする方もいます。

そうなれば、調査する側とすれば、こちらのものということになるのですが、この写真のケースは特にどうということのないこととこちらは思っていますから、逆になぜそんなに慌てられるのかと、いつもと違う展開に私の方がうろたえました。

そうしていると、奥さんはそわそわしながら部屋の隅に置かれている本棚の後ろの隙間に手を入れて「これです」と言って写真を出してきました。

私も税理士さんも口をあんぐりと開け「なんで？」という顔をしてお互いを見て、また写真を抱えている奥さんを振り返りました。

「そんな所に写真を置いていたらご主人が可哀想じゃないですか」と言うと、奥さんは、「まあ聞いてください。知らなかったのは私だけだったのです。会社の役員達は皆知っていたのよ。ひどいでしょ」と言われます。

私と税理士さんは「はあ?」です。

それから、よくよく話を聞いてみると、亡くなったご主人には「女」がいたとのことでした。しかも、その女を受取人として生命保険に加入していたとのことです。

法定相続人ではない方に生命保険金が……

被相続人が契約者および被保険者であれば、生命保険会社から支払われる生命保険金は相続税のみなし相続財産になります。

受取人が相続人以外であっても遺贈として相続税の対象となるのです。

私は、その女性の住所氏名と被相続人が加入していた生命保険会社を聞き取りましたが、奥さんは私に「その女は主人の死亡で5千万円もの生命保険金を受け取っているのですよ。無条件でそんな金額を受け取っていいのですか。税金で全部取り上げてください!」と、今までの清楚な雰囲気とは大違いの剣幕で私に迫ってきました。

写真を飾っていたら、仏間に入る度に嫌でも写真を見ることになり、写真を見れば、今回の件を思い出して腹が立つから、下ろして本棚の後ろに入れているとのことでした。

この後が大変でした。生命保険会社に調査に行くと確かに被相続人の特別関係人（奥さんに言わせれば「その女」ですが……）が生命保険金を受け取っていました。

相続財産を受け取っていた相続人が新たに見つかれば、当然に相続税が増える？

生命保険金を受け取っていた被相続人の特別関係人からは約2千万円という相続税を追徴しましたから、相続税の調査の実績は上がったのですが、相続税の税額の計算は、生命保険金を含めた財産を基礎として相続税の総額を算出した上で、相続をした各人の財産の割合を相続税の総額に乗じて各人の納付する税額を算定しますので、新たに出てきた生命保険金を財産に加えますから、財産が増えると必然的に相続税も増加し、計算上どうしても追加の財産（生命保険金）を受け取らなかった相続人（奥さんや娘さん）の相続税も増えるという結果になるのです。

このケースでは、奥さんにとっては身内でもない、いわば敵ともいうべき女が生命保険金を受け取ったがために、相続財産が増えたことにより、相続人である奥さんや娘さんの相続税が増えるという結果になり、奥さんや娘さんも修正申告書を提出して追加の相続税を納めていただくということになるのです。

これには当の奥さんは怒り心頭で「その女が生命保険金を受け取ったのだから、その女が税金を納めるのは当然として、その生命保険金のためになぜ私達まで追加の税金を収めなければならないのですか！　納得できるわけがありません」とすごくご立腹です。

相続税の計算の仕組みがそうである以上、税務職員である私が「気の毒ですから奥さんと娘さんは追加の相続税は結構です」と言うわけにもいかず、しかし、奥さんの立場からすれば、奥さんの言っていることも筋が通っていると言えます。

奥さんにとっては「そんな馬鹿な！」なわけです。私としても言い返す言葉がありません。「はい、おっしゃることはごもっともです」の世界なのです。

この件では、奥さんに、「その女からも相続税を追徴しましたので、修正申告書の提出をお願いします」とお願いし倒した結果、怒られながらも修正申告書の提出と納税をしてくれました。

この案件は、どうにかこうにか一件落着したわけですが、身に覚えのある先輩諸兄方々、亡くなられた後、少なくとも仏間に写真くらいは掲げてもら

えるようくれぐれもご注意いただきますようお願いします。

2 相続放棄で身を守る？

民法上、相続放棄というものが認められています。

普通、相続が発生して相続放棄をするというのは、被相続人の財産よりも借金が多い場合などでしょうか。

40歳くらいの女性から、この相続放棄に関する相談を受けたことがあります。

500万円の借金はあるけど、1000万円の死亡保険金がある相続は放棄しない方がいい？

内容は、二人兄妹で独身の兄が死亡したというものです。兄の財産は、100万円弱の銀行預金があるものの、小さな事業を行っていたので、500万円近い借金を抱えていることがわかったのですが、借金がそれで全部かどうかはっきりしないとのことでした。

「相続放棄をすることも考えていますが、兄が自分を被保険者として生命保険に加入しており、私（相談者）が生命保険金の受取人になっていました。死亡保険金は1000万円となっていますので、他に借金がないのであれば相続放棄をしない方が得とも思いますが、どうしたものでしょうか」、という相談でした。

私は、相談者の兄は財産より借金の方が多いことは確実なのか念を押して、確実であれば即座に相続放棄を行うように勧めました。

相続放棄は、3か月以内に家庭裁判所に相続放棄申述書を提出して許可を受けなければなりません。

相談者は、相続放棄をすれば生命保険金を受け取る権利も放棄することになると懸念していますが、相続税法上において生命保険金は「みなし相続財産」として一定金額以上（相続人1人当たり500万円を控除した金額）は相続税の課税対象財産になりますが、そもそも生命保険金は相続財産ではないのです。

たとえ、兄の相続を放棄しても、生命保険金はその保険の受取人に支払われるものなのです。

生命保険金の受取人の決定は慎重に

相談者の場合は、相続人が相談者一人で生命保険金の受取人も相談者なのですから、特に問題はありませんが、仮に、相談者の他に兄弟（姉妹）がいたとしても、兄の生命保険の受取人が相談者になっていれば、その生命保険金は他の兄弟（姉妹）と兄の相続財産として分割する必要もなく、相談者のものなのです。

逆に、兄の生命保険金の受取人が相談者の他の兄弟（姉妹）となっていたのなら、相談者が他の兄弟（姉妹）に兄の相続財産だから生命保険金を分割しようと言う権利はないのです。

なお、敢えて自分が受取人になっている生命保険金を兄弟（姉妹）に渡した場合には、１１０万円を超す場合は受取人から兄弟（姉妹）にお金を渡すわけですから、相続税の対象ではなく、贈与税の対象になります。

また、兄弟が複数いる場合において、兄の生命保険金の受取人の指定が相続人となっていたならば、兄弟で話し合って受け取るというこ

とになります。この場合の受け取った生命保険金は相続税の対象です。
そのようなわけで、相続放棄と生命保険金を受け取る権利は関係ありませんから、生命保険金を受け取る権利があって、亡くなった方の財産が債務（借金）より少ない場合には相続放棄の方が有利だと言えます。

3 相続財産が明らかにならなくても申告は待ってくれない？

突然に父親が亡くなったという相談がありました。
相談者は次男坊で長男夫婦が父親と一緒に住んでいたらしいのです。その長男が父親の財産を明らかにしないとのことでした。

さて、あなたならどうしますか？

最初から、相続争いの匂いが漂う相談ですが、長い間相続税を担当していると何度も聞いたことのある相談です。

亡くなった相談者の親にはどのような財産があるのか、相続税はかかりそうなのかを問えば、父親は相当の資産家で、もちろん相続税の課税対象になるとの回答でした。

「そしたら、専門家に相談された方がいいですね」

「だから今、一番確かな専門家に相談に来ているんでしょ」

「はい、確かに私は専門家ですね」

揉める話はできるだけ避けたいと思い、相談者を体よく追い返そうとしましたが相手の方が上手でした。

相続が発生して、相続税の申告は10か月以内にしなければいけません。本音は、相続税の申告は二の次として、兄に勝手に父親の財産を取られたくないが、その兄が父親の財産を明らかにしないし、自分も長い間両親とは別居していたから、父親の財産が何処にいくらあるのか皆目見当が付かないといった状況です。

さて、あなたならどうしますか。

まず、①父親の財産の把握の問題、次に、②遺産相続の問題、さらに、③相続税の申告の問題があります。

相続財産の把握のしかた

①の父親の財産の把握の問題ですが、財産には、土地・建物などの不動産、現金、普通預金・定期預金などの預貯金、株式や国債などの有価証券、亡くなった方が事業などを営んでいれば、その事業に関係した機械設備や器具・備品や売掛金などの事業用資産、家庭内の家具や電化製品などの家庭用財産、生命保険金や貸付金などのその他の財産などがあります。

これらの財産を、長期間に及んで同居していなかった次男が全て把握するというのは至難の技です。

最初に父親所有の不動産の把握ですが、不動産の場合は同居していなくても、農地や山林でない限りは所在地くらいご存知だと思います。

そこで、所在地を住宅地図などに落とし込み、それを持って不動産の所在地の法務局に行きます。登記簿の番地と住所地の番地（住居表示番号）とは同一ではないので、公図（土地の境界を示した地図）を閲覧して、父親が所有していた宅地の番地を調べます。この公図は後々のためにコピーを取っておくとよいでしょう。

この番地を基に登記簿謄本交付申請書を作成して窓口に提出すれば、父親が所有していた宅地の登記簿謄本を手に入れることができます。登記簿謄本には、所在地・地番・面積および所有者が載っていますから、父親の所有不動産かどうかを確認してください。また、不動産の所在地の市町村の固定資産税の窓口に相続人であることの証明書（戸籍謄本など）を持参して「名寄帳」の交付申請を行えば父親の不動産は把握することができます。

次に、不動産以外の現金、預貯金や有価証券等の把握ですが、銀行に相続人であることの証明書（戸籍謄本など）を持参すれば父親の預金は開示してくれます。また、銀行は、お父さんが死亡されたことを把握した場合には、お父さんの預金口座を閉鎖（入出金はできなく）します。

銀行がお父さんの預金の内容を明らかにするケースでは、相続人全員の承諾が必要になります。

なぜ銀行は預金口座を閉鎖するのかというと、銀行が相続人間の相続争いに巻き込まれないための予防も一つの要因です。口座名義人には複数の相続人がいるのに、一人の相続人が預金を勝手に引き出して隠しなどしたら他の相続人は怒りますよね。

各銀行が申請書を準備していますから、相続人全員が申請書の記載要領に従って記載して、署名・捺印をし、銀行が提出を求める戸籍謄本などを添付すればお父さんの預金閉鎖も解除してくれますし、預金の内容も残高証明書の交付を申請すれば発行してくれます。

しかしながら、お父さんの財産の内容を明らかにしないお兄さんが、銀行への申請に協力するとは考えられませんから、これも難しいと言わざるを得ません。

しかし、銀行が預金の閉鎖を解除するのには、相続人全員の了解が必要ですから、いずれお兄さんもそのことを理解して、他の相続人に打診があるはずですから、お兄さんにお父さんの遺産の内容を明らかにしてもらって、道徳的な遺産分割を求めるのはその時がチャンスだとも言えます。

いずれにしましても、このような状況になりますと、遺産分割協議はすんなりとは進みません。相続税の申告期限が迫って来たのに、未だ兄から何の連絡もないという案件は何件も見てきました。

相続税の申告のしかた

そこで、③の相続税の申告の問題になりますが、税務署は兄が財産の内容を明らかにしないとか、揉めているからとかの理由があったとしても期限延長は認めてくれませんから、相続開始の日から10か月以内に申告書を提出しなければいけません。

では、どのように申告するのか。

預金の額などわからないものは仕方がありませんから、判明している範囲で申告したらいいのです。

相続税の申告書を提出しなければ無申告ということになりますので、とりあえずは判明している財産で申告しておくことです。

このような事例で、救いとなるのは相続税がかかるような方の場合です。と言いますのは、当然お兄さんと他の相続人の申告内容は違う内容のものが税務署に提出されます。

相続税がかかるようなら税務署が相続財産を調べてくれる

税務署は、どちらの申告内容が正しいのか、どちらも正しくないのかを調査します。もちろん、銀行や証券会社の取引内容も調べます。正しい金額の相続税を納めていただくために、申告された財産以外に申告から漏れている財産はないかをそれこそ必死になって探します。それは税務職員としての職業病みたいなものです。

そして、その調査内容（解明した財産内容）は相続人に示して、この財産が申告から漏れていますので修正申告してくださいというように、最終的には他の相続人もお父さんの財産を知ることになります。

しかしながら、税務署の調査は一周忌を過ぎた後くらいから優先度の高い案件から順次始めますから、1年以上は悶々とした日々を送られることになると思います。

問題なのは、相続税がかからないような案件です。

税務署は、相続税がかからない案件は調査の必要がありません（税金になりません）から、当然タッチしません。

よって、税務署の調査によって、被相続人の財産が明らかになるということはありませんから、次のチャンスは、銀行の預金閉鎖の解除の申請の時や不動産の名義変更登記の時です。お兄さんが接触してくるでしょうから、その時にしっかり交渉することです。

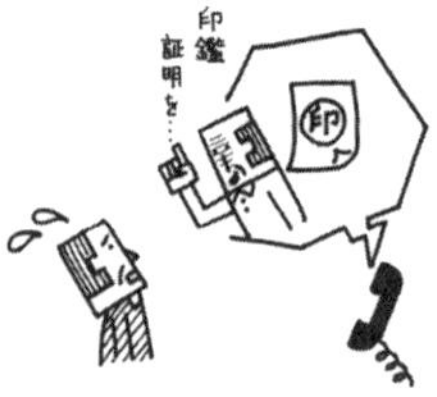

不動産の名義変更に必要な遺産分割協議書には必ず印鑑証明が必要ですし、銀行の預金閉鎖の解除の申請にも印鑑証明は必要でしょうから、相手から「印鑑証明を送ってくれ」とか、「印鑑証明を持ってきてくれ」などと言ってきても、絶対に簡単に渡さないことです。

他の案件で、兄弟（姉妹）に印鑑証明を渡したら、勝手に不動産の名義変更登記に使われたというような案件も見ましたから、十分に注意しましょう。

4 申告しないと適用されない軽減措置？

知らないと恐ろしい法律はあるものです。

実際に長い間相続税を担当してきた私もつい先日そうなるのかと知ったところです。

交通法規などは、免許を取得する時に勉強しましたし、取得してから長期間経過しても最低限の必要なことくらいは覚えており、刑法などは勉強しなくてもやってはいけないことくらいは身についているものです。

しかし、相続税法などは、税理士か税務職員くらいでないと勉強する機会もなく、また勉強したところでそれを活かす機会がないから、一般の人が相続税法を知っているということは皆無であろうと思います。

知らないと恐ろしい相続税法の規定

相続税法には、相続税の申告（または申請）をして初めて適用できるものがあります。もちろん、所得税法・法人税法や消費税法に限らず税法には申告（または申請）して初めて適用できるものがたくさんありますが、ここでは相続税法についてお話します。

相続税法第19条の2に「配偶者に対する相続税額の軽減」というもの、また、租税特別税法第69条の4に「小規模宅地等についての相続税の課税価格の計算の特例」というものがあります。これは、相続税の申告をして初めて適用できるもので、しかも遺産分割が完了していないと適用できません。

ならば、相続税の申告期限は相続開始の日から10か月だから、10か月以内に分割協議が整わないと適用はできないのかといえばそうではありません。

相続人の間で、遺産分割で揉めている場合など、何らかの事情で、10か月以内に遺産分割が整わない場合には、相続税の申告書は、相続財産が未分割の状態で各自法定相続分により申告することになります。申告の際に「3年以内の分割見込書」という申請書を提出すれば、3年間のうちに遺産分割が完了した時に改めて配偶者の税額軽減や小規模宅地の特例を受けることができます。

無申告に対する決定処分では適用されない軽減措置

しかし、私が衝撃を受けた案件というのは、無申告事案（相続税がかかるのに申告書が提出されていないもの）で、税務署から幾度となく申告するよう呼びかけても頑なに申告書の提出がなされない案件でした。

税務署は、納税者が申告書を提出しない場合には、正直に申告している方が馬鹿を見ることのないよう調査額に基づいて一方的に決定という処分を行います。

もちろん、税務署も決定処分はいきなり行うことはありません。幾度となく申告書の提出を促して、それでも提出されない場合には仕方なく決定処分を行うのです。

この決定処分というのが曲者なのです。前段で、申告すれば適用できるものとして、配偶者の税額軽減や小規模宅地の特例があると記載しました。

相続人の間で遺産分割を行い相続税の申告さえすれば難なく適用が受けられるものが、税務署から決定処分を受けたら申告したことにはなりませんから適用が受けられないのです。

小規模宅地等の特例は、配偶者（他の相続人でも可能な場合はありますが、この特例はこれだけでも一冊の本になるくらい細かな規定がありますから、ここでは配偶者としておきましょう）が居住用として相続するのであれば、最高330平方メートルまで80％の評価減を適用できるものであり、相当に相続税額に影響するものなのです。

配偶者の税額軽減は、相続税額を軽減するもの（相続財産のうち、1億6千万円または相続財産の2分の1まで相続しても無税）ですから、納付する相続税額にすごく影響するものなのです。

つまり、相当の資産家で相続税の総額が1億円だとすると5千万円が無税なわけですから、一般庶民からいえば気が遠くなるような税額が、ただ遺産分割をして申告書を提出するだけで適用できるのですから、本来納める必要のない相続税を納めなければならないことになり、実にもったいないと感じたものです。

税務署から申告書の提出を指摘されても敢えて申告しないという方は滅多にいませんので、気づきませんでしたが、今までに例がなかったことと、あまりに単純すぎて疑問にも思っていないことでした。

その方は、全て税務署が調べているのであれば、自分から申告しても、税務署側から決定処分を受けても同じことと思って敢えて申告書の提出をされなかったのかもしれませんが、申告書を提出するのと提出しないのとで、ここまで相続税額が違うのかと驚かれたことと思います。

しかし、税務署側も決定処分を行う前に「決定すれば配偶者の税額軽減は受けられませんよ」というのは、説明しているはずですから、納税者側に他に何らかの申告しない事情があったのかもしれません。

5 自分が贈与した財産が相続財産で戻ってきた？

知り合いの税理士さんが暗い顔をして税務署に来られたので応対しました。

開口一番「こんなことが実際あっていいのか、信じられないよ」と言って、おもむろに相続税の申告書を机の上に置きました。

起こってはいけないことが起こった

相続税の申告書の第一表に目を向けると、被相続人 東一郎（仮名）22歳 男、相続人は父と母となっていました。

この東一郎さんなら知っていました。毎年、高額の贈与税の申告書を提出している方です。

若いけど亡くなられたのか。どうも病気で亡くなられたらしい。

お父さんはかなりの資産家で、一人息子の一郎さんのために幼少の頃から贈与をし続けていました。

確か、贈与税を納めても手許に一千万円が残るように計算して、毎年一千数百万円の贈与をされていたはずでした。

相続税の申告書の課税価格の欄を見てみると2億円となっている。この2億円は、お父さんが贈与された2億円でしょう。

一郎さんが結婚をしていて、子供でもいれば2億円の財産は妻と子供が相続することになりますが、一郎さんは独身ですから、その相続人は父母ということになります。

なんということか、贈与をして息子の財産を築いたのは父親であるのに、その父親と母親が息子の財産を相続して相続税がかかる。

長期間この贈与に関わってきた、目の前にいる税理士さんの嘆きたるや想像を絶することでしょう。まさに、あってはならないことが起きたのです。

既に贈与税を納めた親からの贈与財産にも課税される

稀に、高額の生命保険に加入していた独身の子供が事故などで亡くなり、その生命保険金が相続財産となって両親に相続税がかかったという事例を見ることはありましたが、親から贈与を受けた財産が相続財産となって両親に相続税がかかるという事例は初めて見るものでした。

私も本心から、税理士さんに向かって「これはないですよね」と言ったものです。

しかし、どんなに気の毒な状況であっても、法律（相続税法）に当てはめれば相続税がかかることには変わりないのです。

このような相続が頻繁に発生するのであれば、「親から贈与を受けた財産で、すでに贈与税を納めている部分については課税対象に含めない」というような税制改正案も出るかもしれませんが、このような事例はごく稀なことですから、そのような改正は今後も期待できないでしょう。いったん贈与税を納めていれば、いいような気もするのですが……。

何ともやるせない案件でした。やはり、亡くなる順番は歳の多い順に限りますね。

6 代償分割の落とし穴って？

遺産分割には、相続人同士で協議して決める協議分割、相続財産を売却してお金に換えてから相続人の間で分配する換価分割、一の相続人が相続財産を相続する代わりに、他の相続人に金銭等で相続財産の代わりとして渡す代償分割とがあります。

不動産がメインの相続で活用される代償分割

代償分割とは、たとえば、亡くなった父の財産の全て（または大半）を長男が相続する代わりに、弟妹である次男や長女には自分の預金等を渡して遺産分割を完了させるという方法です。

具体的にお話ししましょう。

亡くなった父の財産は土地のみで、評価額3億円で、この父の財産3億円を長男が全て相続する代わりに、次男と長女には長男が5千万円ずつ渡すことを約束して遺産分割協議書にもその取決めを表示して、各自署名・捺印を行いました。

この場合の相続税の申告書の書き方は、長男は相続財産を3億円として代償財産1億円として3億円の相続財産と相殺して、結果的に相続した財産は2億円とし、次男と長女は各5千万円を相続したと申告書に記載します。

この弟妹も相続税の法定申告期限の10か月以内に相続税の申告を提出して、次男と長女は相続税を自分の資金で納税しました。

ここで、通常のケースと大きく違っていたのは、次男と長女は代償分割財産として受け取るべき5千万円を長男から受け取っていなかったということと、長男は自分が行っていた事業が思わしくなく、相続税の納税も行っていなかったことです。

仲の良い兄弟姉妹で、次男も長女もそれなりの資産は持っていたし、長男は信頼のおける人物だったこともあって、代償分割財産の5千万円をもらうのはいつでもいいという感じで次男と長女は長男に対して代償分割財産の催促も行っていませんでした。

そうこうしているうちに、いよいよ長男の事業がにっちもさっちもいかなくなりました。長男は弟と妹に支払うべき代償分割財産の5千万円ずつを支払うどころか、銀行借入金の毎月の支払いさえも困窮してしまいました。そんな時、次男と長女の所へ税務署から相続税の支払いを求める通知書が飛び込んで来たのです。

連帯納付義務により納めていない相続人の分まで

次男と長女は、自分の相続税は自分の資金で、確かに期限内に納税を済ませていましたので、納税の領収証を持って税務署に赴いたところ、税務職員から衝撃の言葉を聞くことになりました。

税務職員が言うには、「相続税には、相続税法第34条によって、連帯納付義務というものがあります。長男の方からは相続税を納めていただいておりません。つきましては、お二人は相続を受けられた範囲内（5千万円）でお兄さんの相続税を納めていただく義務があります」というものでした。

これには次男と長女は、びっくりです。

連帯納付義務という言葉を聞くのも初めてだし、それよりも、未だ代償分割財産の５千万円ももらっておらず、もらうことにした代償分割財産の５千万円に相当する自分の相続税は既に自分の資金から納めているにもかかわらず、それに加えて兄（長男）の相続税まで負担せよとは何事か！　と抗議をしましたが、税務職員が示しているのは法律（税法）であって、法律改正でもなければいくら抗議してもお願いしても通る話ではないのです。

次男と長女は究極の選択として、代償分割を白紙に戻して、相続財産は最初から受け取らないとした遺産分割協議を兄弟姉妹三人で行い、遺産分割協議書を作成して税務署側に提出しましたが、遺産分割協議は既に完了しており、やり直しは認められないとされました。

いくら仲の良い兄弟姉妹とはいえ、何が起きるかわかりませんので、もらうモノはきちんともらった上で、遺産分割協議書に署名・捺印をすることにしてください。

相続財産を受け取ってもいないのに、自分の相続税ならまだしも、兄弟姉妹の相続税まで納めさせられるという悲劇も現に有り得ることです。代償分割を行われる場合には十分な注意が必要だと思い知らされた案件でした。

7 同族会社の債務免除に贈与税？

税法では、思いがけないことが起こります。

こんなことで、贈与税の対象になるのかということがあります。贈与税の対象になる方に税務署に来ていただいて説明してもなかなか理解してもらえません。

実際の内容は非常に複雑なので、わかりやすく簡略化して説明しましょう。

子と共同経営する会社の債務を免除したら子への贈与

5年前に親子で出資して、株式会社秋山商事を設立していました。出資の持分は親子半々で、500万円ずつ出資して資本金1千万円の会社です。

これまで、秋山商事の業績は良かったので、現在の会社の資産は土地・建物が4千万円、預金が1千万円で債務が2千万円です。債務の2千万円は、親が秋山商事に貸し付けている貸付金です。

今回、会社の財務の健全化を図るために、親の秋山商事に対する貸付金について債務免除をしました。

ここまでですと、一般的には「どういうことはない、何か問題があるの？」と思いがちですが、これで子供が贈与税の対象になるのです。

経済的利益の贈与ということになるのですが、なぜかというのを説明します。

会社の設立当時、一株の株式の発行価格を５００円としますと、出資金は５００万円ずつですから、親子が１万株ずつ所有することになります。もちろん業績がありませんから、１株当たりの株価は５００円です。総発行株式数は２万株です。

親が債務免除する前の財務状態は、財産が５千万円、債務が２千万円ですから純資産は３千万円になります。これを総発行株式数の２万株で割りますと、１株の株価は１５００円です。

今回、債務免除したわけですから、資産は５千万円で債務はゼロ円です。５千万円を２万株で割りますと１株の株価は２５００円になります。

子供にしたら、何の負担もしていないのに、自分名義の株式の株価が１５００円から２５００円に価値が上がりました。

値上がり分は１０００円です。所有株数は１万株ですから、子供は１千万円を無償で得をしたということになりますから、この場合は親から子供が1千万円の贈与を受けたということになるのです。

多くの方に、なかなか理解してもらえず、「そんな馬鹿なことあるか！」と怒鳴られる時もありました。

同様のケースで、現物出資したような場合も1株の株価を引き上げますから、贈与になる場合があります。

贈与にならないケースは、仮に、資産が1千万円で債務が3千万円である場合に、2千万円の債務免除や2千万円相当額の土地を現物出資した場合は、結果として、資産と債務がプラスマイナスゼロになるだけで、1株の株価はゼロですから経済的利益すなわち贈与は発生しないということになります。

このように会社の場合には、株価を基にして経済的利益があったかを判定しますが、個人間の場合には、また違います。

仮に、親が子供に1千万円を貸していたとします。

親が、この貸付金を子供に対して債務免除したとしますと、子供は1千万円の借金が0円になったわけですから経済的に1千万円の利益を得たということになりますので、1千

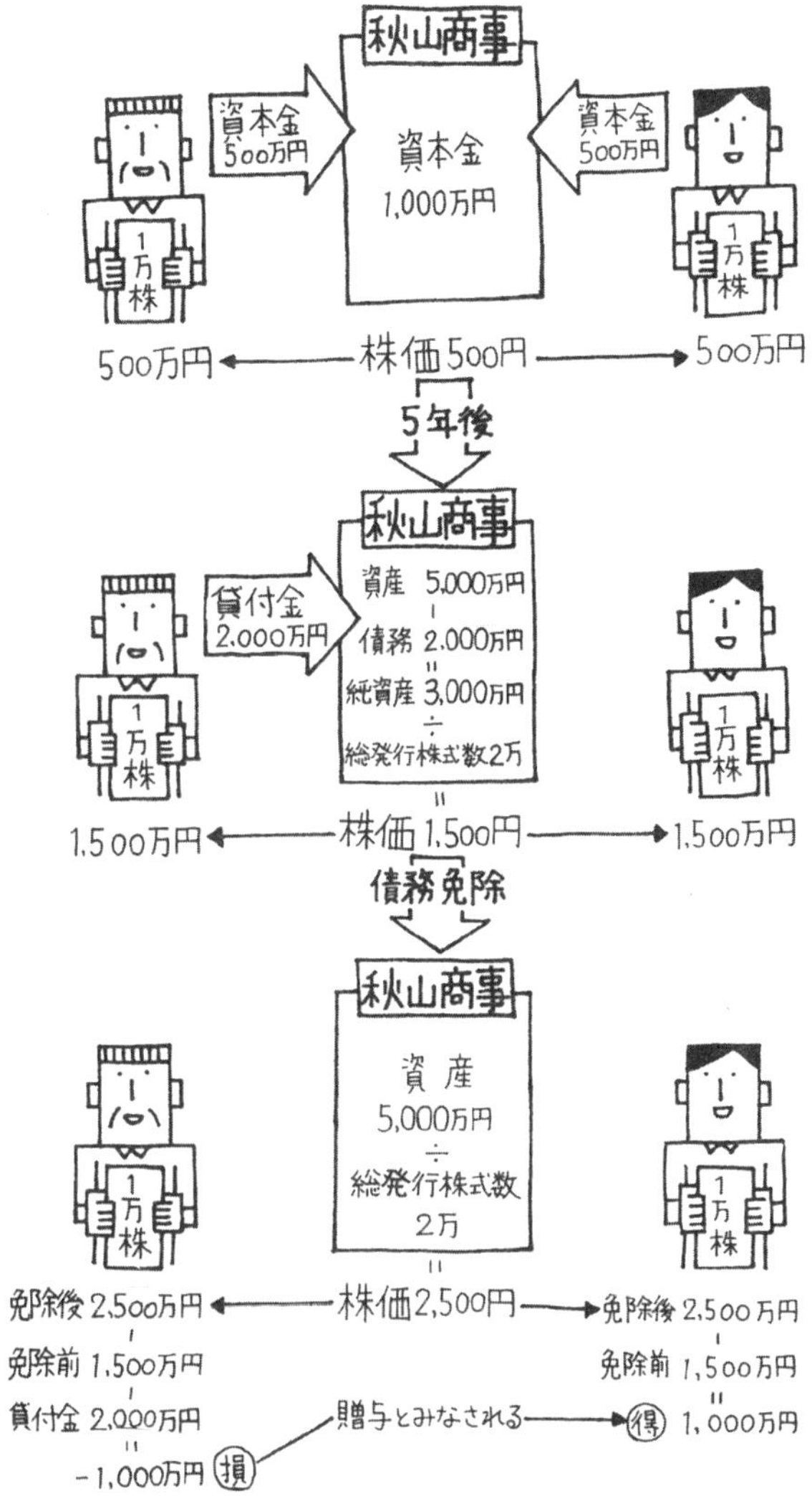
秋山商事
資本金
500万円
資本金
1,000万円
資本金
500万円
1万株
1万株
500万円
株価500円
500万円
5年後
秋山商事
貸付金
2,000万円
資産 5,000万円
債務 2,000万円
純資産 3,000万円
総発行株式数2万
1万株
1万株
1,500万円
株価1,500円
1,500万円
債務免除
秋山商事
資産
5,000万円
÷
総発行株式数
2万
1万株
1万株
免除後 2,500万円
株価2,500円
免除後 2,500万円
免除前 1,500万円
免除前 1,500万円
貸付金 2,000万円
贈与とみなされる
得 1,000万円
−1,000万円 損

万円が贈与税の対象になります。

このように、直接現金や預金を渡すのだけが贈与ではなく、思いがけない形で贈与税の対象になることがありますから、会社を経営されていて、その会社に対する貸付金を返済しなくてもよいと債務免除されるような場合などは贈与税に注意が必要です。

8 取り壊されても相続財産として評価？

建物の相続税の評価額は、相続開始日の年の固定資産税評価額によって評価します。不動産（土地・建物）の所有については、市役所（町役場）の固定資産税課で調べればわかりますし、公表されているようなものですから、現金や預貯金と違って隠しようがありません。評価の仕方が間違っているケースはあっても、相続税の申告から漏れているというのは、まずありません。

相続開始後に気に入らない建物の取壊し

しかし、ある案件で市役所の固定資産台帳には載っているものの、相続税の申告書にその建物が申告されていないことがありました。

固定資産税評価額が約２８００万円の建物ですから、壊れかけたような小屋ではなく、立派な建物のはずです。

なぜ、このような建物が申告されていないのか不思議でなりません。

出張のついでに、その建物が建っていたであろう場所を確認しましたが、その場所は更地（何も利用されていない宅地）になっていて、建物は建っていませんでした。

確認する場所を間違えているかもしれません。

考えていても仕方がないので、相続人に税務署に来ていただいて話を聞くことにしました。

相続人である長男に、市役所の固定資産台帳の写しを示して「この建物ですが、台帳に載っているのに申告されていないのはどういうことでしょうか。現地を確認させていただきましたが、確かにこのような建物は建っていないのです。私が場所を間違えたのでしょうか」

このように説明すると、長男は「あの建物ですか、気に入らないから取り壊しました。

親父が、西洋風の派手な造りの建物を建てたのですが、私はあのような建物は好きではありませんし、使わないのなら土地がもったいないので、建物を取り壊して土地を有効利用したかったのです」とのことでした。

そのようなことも有り得るとは思います。建物みたいな高価な物ではありませんが、気に入らない服などはタンスを占領するだけで、確かに日の目を見ないものです。持っていても宝の持ち腐れというのはあると思います。

今は更地でも相続開始日に存在した建物は相続税の課税対象です

相続税の場合、申告する財産は、被相続人が相続開始日において所有していた財産なのです。

いくら気に入らないからといっても財産価値がないものではありません。

このケースでは、実物は既に取り壊されて存在していないのですが、相続開始日現在では2800万円という価値で存在していたのですから相続税の申告をしていただくことになります。

このことを説明すると相続人の長男は「いらない建物ですよ。そんな建物に相続税をかけるなんて納得できません」と猛烈に怒られました。しかし、どんなに怒られようとどうにもならないことです。

仮に、この件で税務署と相続人の長男の間で裁判となっても、裁判官は相続人の長男の主張は土俵にも上げないでしょうし、門前払いにするでしょう。

相続開始日の時点の所有財産および評価額で申告することになっていますので、たとえば、このケースのように相続開始後に建物を取り壊しても申告することになっていますし、相続税の申告期限の10か月後の時点で、土地や株式が上昇していても下落していても相続開始日の時点で評価して申告することになっています。

9 相続時精算課税制度の利用には要注意？

相続時精算課税制度は、相続税法第21条の9に規定されているものです。

相続時精算課税の特徴

簡単に説明しますと、２５００万円の控除があり、それを超える贈与を受けられた場合は、超える金額に一律20％の贈与税を納める必要があります。

通常の贈与と違うのは、通常の贈与は贈与額が多いほど高い税率（累進税率）になりますが、相続時精算課税制度を適用した贈与は、２５００万円を超える贈与は、超える金額に一律20％の税率で贈与税額を計算するということになります。

贈与者は直系尊属（祖父母・父母など）で、受贈者は直系卑属（子・孫など）で、贈与の年の1月1日において、直系尊属の年齢は60歳以上、直系卑属の年齢は20歳以上と決められています。

贈与の年の1月1日において、となっていますから、贈与の年の前年にそれぞれ60歳以上、20歳以上になっていなければいけません。

それから、父親から２５００万円の贈与を受け、母親から２５００百万円の贈与を受けても、それぞれに２５００万円の控除が受けることができます。

２５００万円以内控除の枠内の贈与を受けられた場合であっても、受贈者の住所地の税務署に贈与を受けられた翌年の2月1日から3月15日の間に 相続時精算課税制度の適用を受ける旨の申請書と贈与税の申告書を提出しなければいけません。

相続時精算課税制度の注意点

この制度には注意すべき点があります。

1点目は、この制度を一度適用すると通常の贈与に戻ることができないことです。

2点目は、ちょっと難しいので、具体的に説明します。

この制度は、言葉どおり、相続時に精算して相続税を課税しますという制度ですから、贈与者に相続が発生した場合には、死亡した贈与者の財産に相続時精算課税制度を適用して贈与した金額を加算して相続税の計算をすることになります。

つまりは、祖父母や父母の財産を生前に相続するようなものです。

注意点といいますのは、相続時精算課税制度で贈与を受けた財産の金額を、本来の相続の時に加えるのですから、贈与を受けた財産が現金や預金であれば問題はないのですが、たとえば不動産や株式だったらどうでしょう。

不動産や株式は価格が常に変動します。不動産でも建物は老朽化しますから完全に価値は下がります。

仮に、相続時精算課税制度で2000万円の建物の贈与を受けたとしたら、贈与をした人に相続が発生（10年後かもしれませんし、20年後かもしれません）した時点のこの建物の価値はかなり下がっていることでしょう。５００万円くらいになっているかもしれませんし、地震なんかの影響で０になっているかもしれません。

しかし、いくら価値が落ちていたとしても贈与した人に相続が発生した時に相続財産に加算するのは、贈与を受けた時の価格の２０００万円なのです。

ですから、明らかに価値が落ちるものについて相続時精算課税制度で贈与を受けるのは避けるべきです。

わかりやすいように建物で説明しましたが、土地や有価証券なども危険です。

とはいえ、結果オーライのケースもあります

結果的には正解だったということもあるでしょう。

と言いますのは、相続時精算課税制度で贈与を受けた財産が将来値上がりした時です。２０００万円で贈与を受けた財産が、贈与した人に相続が発生した時に３０００万円になっていたとしても加算する金額は２０００万円だからです。

結論は、相続時精算課税制度で敢えて不動産や有価証券の贈与を受けるのであれば、少

なくとも将来値上がりが期待できるものに限るということになります。

不動産であれば、駅前などの利便の良い所ということでしょうか。

このように、特例があるからと言って、何でも使えば良いというものではありません。十分な検討が必要です。

第四章

知らなかった、間違っていた？　意外な話

1 遺言書が存在する相続ほどこじれる？

テレビドラマなどで、相続人全員が一堂に会するなか、弁護士が部屋に現れて、裁判所で検認を受けた封筒を大事そうに掲げ、「今から、亡きお父様の遺言を読み上げます」と言って遺言書を読み上げるシーンをご覧になったことがある方は結構いらっしゃるのではないでしょうか。

そこで、読み上げられた遺言書の内容によって信じられないと驚きを浮かべる者、苦虫を噛み潰したような顔をする者、遺言書に認められた内容によってさまざまな表情を見せる相続人の演技は、そのドラマの見せ場だったりします。

その遺言を行う一つの大きな理由として、相続争いを避けるためということをよく耳にします。

遺言書の作成が本当に争続を回避する良策か？

しかし、私が関係した相続税事案では、不思議に遺言書があった相続税事案の方が相続争いが多かったと認識しています。

被相続人は、自分の死亡後において、自分の遺産について相続人間で相続争いが起きると考えたから遺言書を作成されたのか、はたまた遺言書があるから相続争いが発生したのかは定かではありませんが、私の経験上では、遺言書があるから相続争いが起きたのではないかと思えてなりません。

今、巷では終活が流行っていますが、そのなかで「遺言書」を書いておくことが終活の条件となっていて、「遺言書の書き方」なんて本もたくさん売れていると聞きます。

また、先日、新聞に税制改正案として、遺言書を作成すれば一定の控除が受けられる新制度の案が掲げられ、その理由が「相続争いを避けるため」と、私の「遺言書があるから相続争いが起きた」という意見と真っ向から対立する意見が掲載されていました。

遺言書があるから相続争いが起きた？

私は「遺言書があるから相続争いが起きた」のではないかという懸念を拭いきれません。

遺言書があった案件のなかには、遺言書がなければもっと揉めていたであろう案件もありましたが、相続争いが起きると以後修復はありませんので、争いの大小はあまり関係ないと思います。

仕事とはいえ、相続争いのある相続税事案の調査ほど困ったものはありません。親子仲または兄弟姉妹仲が悪いため、一堂に会して被相続人宅で相続人全員から話を聞きたいと申し出ても、あの兄弟と一緒なら同席しないとか、あちらのグループとは別にこちらのグループの話を聞いてもらいたいとか言って来られるのです。

もちろん、こちらの手間は1回で済むところが2回になります。

また、争う相手の相続人から聞く話の内容は、相手がいかに愚劣であるかとか欲望の塊であるかとかの誹謗中傷などであり、聞いているこちらの方の気が滅入ります。

何事においても、双方から話を聞かないと本質はわからないことは多分にありますが、相続争いのある案件も同じです。

一方から相手の悪口を散々聞かされ、その話を鵜呑みにして、相手の方に会ってみたら、その方は真面目で考え方もしっかりとされた人物であり、実際は先方の方が相続争いの原因を作っていたなんてことも多々ありますから、双方から話を聞かないことには本当のことはわかりません。

また、「父は××方面に出掛けていたので、××方面の銀行にも預金があるのではないか」とか、「株取引もしていたのに、財産明細書には株式が計上されていないから、相手は株式を隠し持っているのではないか」などの情報も、自発的に提供してくれたりします。

こちらも、隠された財産があるかもしれないという情報を放置しておくわけにもいきませんから、情報のあった金融機関などに出向いて相続財産の存在について確認するのですが、大方の情報がデタラメで、動かされる税務職員は徒労に終わることの方が多いのです。

まるで、宝探し（財産探し）に、税務職員が利用されているような状態です。

このように、税務職員でも嫌気がさす相続争いですが、長年相続に関係してみて、私は、将来に被相続人となる父親（または母親）が遺言書を作成する場合は、遺言書を作成する前に、相続人となる子供たちにきちんと言葉で言い残すのがいいのではないかと思っています。

遺言書を書く前に相続人に口頭で説明して

同じ内容の遺言でも、活字で見るのと父親などの言葉として聞いておくのとでは、相続人が受ける印象がかなり違うように思うのです。

相続争いが起きないように、父親の言葉として相続人に残す方法は、お盆や正月などで子供達が実家に帰ってきた時など、家族が一堂に会した時に、財産の内容を公表して、「私が先であったら、妻には今住んでいる家屋敷と預金のうちいくらを相続してもらう。長男の太郎は、これから先、先祖の供養やお墓を守っていく務めがあるから、居住用以外の土地と建物、預金のうちいくらを相続させようと思っている。次男の次郎は、家を建てた時に援助しているから、預金のうちいくらで我慢するように。長女の幸子は、嫁に行く時にそれなりのことをしているから、預金のうちいくらで納得してくれ」などと、できれば具体的に伝えるのです。

この時に一番大事なことは、自分の子供達だけでなく子供達の配偶者も同席させることです。得てして、相続争いが生じて話が余計にこじれる原因の多くは、配偶者の口出しです。

ただし、言葉だけの遺言には法的効力はありませんから、このように口で話をしておいた上で子供達の意見や反応を確かめてから遺言書を作成すれば相続争いも少なくなると思えるのですがいかがでしょうか。

事前に相続の話せずに、遺言書だけ残した場合には、遺言書によって、有利な立場にある者が、遺言書に沿って当然のごとく発言や行動を行うので、法定相続分より少ない財産しか分けてもらえない相続人が納得いかずに、裁判所に調停の申立てや裁判を起こすケースが少なくないのです。

相続が、調停や裁判などに発展すれば、それはもう泥沼です。直接、事前に親の口からある程度相続する財産の内容や親の意思を聞いておけば、あまり親の意思に逆らうような行動は他の兄弟の目もあって取れないものです。

決して遺言書の作成を否定するものではありませんが、遺言書を作成されるのであれば、作成する前に、遺言書に認めた内容の考え方や思いをご自身の口から家族に説明しておかれると、相続争いは少なくなると思います。

2　財産はないから大丈夫じゃない？

私はこれまで、いろんな所で講演を行いましたが、そこで皆さんが口を揃えて言われるのは「私のところは揉めるような財産はないから心配ありません」ということです。

争続当事者に大金持ちが多いというのはウソ

テレビドラマの影響かもしれませんが、多くの方が、相続争いは豪邸に住んでいる大金持ち特有のものと思っています。

テレビドラマで、30坪の建売住宅に住んでいる家族の相続争いを放映しても興味は湧きません。大金持ちの人々が血みどろの相続争いをするから視聴率を稼げるのだと思いますが、一般家庭の相続争いでは様になりません。

そんなわけで、皆さん「私のところは揉めるような財産はないから心配ありません」という発言になるのだと思います。

ところが、財産が全くないのであれば心配ないのですが、財産がある場合は、数億円という資産家よりも、基礎控除を超えるかどうか微妙な線の数千万円という財産の方の相続争いが多発しています。

なぜそうなのかというと、数億円もの資産家であれば、土地・建物の不動産の他に預貯金、株式や国債などの有価証券など相当の財産があり、各相続人が法定相続分の相続を主張しても権利に相当する財産の相続を容易に受けられるから揉める必要もないし、そのような資産家の相続人であれば既にそれなりの財産を持っている方も多く、相続争いまでして財産を手に入れる必要がないのか、皆さん比較的スムーズに相続が完了しています。

私は、5億円を越すような資産家の相続争いは見たことはありません。ここがテレビドラマとは全く違うところです。

それに比べて、数千万円ほどの財産の場合には、財産が土地と建物だけで預貯金はわずかなので、各相続人がそれぞれに自分の法定相続分の相続を主張すると、土地・建物を売却して分配するしか方法がないことが多々あります。

そのようなケースでは、これまで親の面倒を見てきた跡取りなどが、住む家もなくなり、後の供養もままならず、途端に生活困難に陥ることになるため、他の兄弟姉妹には財産を渡すことができないといった事情があったりします。

このようなことから兄弟姉妹の間に不満が募り、何かの拍子に相続争いに発展していきます。

不動産が大半の財産家の相続は要注意です

相続争いは数多く見てきましたが、相続争いになる要因は、それこそいろんなパターンがあります。

たとえば、親の介護を他の兄弟姉妹に押し付け、実家には寄り付きもしなかった兄弟姉妹が、親の葬式が終わった途端に財産分けの話題を持ち出し、兄弟姉妹均等の相続を主張し、他の兄弟姉妹から攻められるパターンですね。

それから、自分の事業がうまく行かず資金に窮しているから、少しでも多くの財産を回してもらいたいと主張するパターン、生前全く親の面倒を見ないのに、長男であることを理由に、実家と法定相続分以上を主張するパターンなど、やはり、それほど多くない財産を分けるときに揉めるケースがほとんどだったようです。

そういうことで、親に十分な財産がある場合には相続争いは少なく、ソコソコに財産があるというケースが一番相続争いが発生していますので、1億円に満たない、不動産が大半を占める財産家の相続は要注意です。

親に全く財産がない場合には相続で争う必要もなく、親に全く財産がなかったとしても仲の良い兄弟姉妹はたくさんいらっしゃいます。

少々の財産を残して、後々相続争いが起きて、子供達が骨肉の争いでバラバラになることを思えば、いっそのこと財産など残さない方が賢明なのかもしれません。

3 相続税対策はしなくても相続対策は絶対必要？

相続は、相続税対策ばかりが重要ではありません。むしろ、相続対策が重要です。相続税対策は、将来に発生する相続税の負担を減らすための行為ですから、相続税がかかることが確実な資産家が考慮すべきことであり、相続対策とは異なります。

世の中の大半の人（平成27年1月1日から相続税の基礎控除が40％減りましたから、まだ統計は出ていませんが、概ね90％（平成26年12月31日までは、96％）の人）は相続税とは無縁です。

ですから、大半の方は相続税対策は必要ありませんが、相続対策はどの家庭においても一度は考えてみる必要があります。

親の住む居住用財産を売却して法定相続財産分を捻出

ちょっと残念なお話です。

相談者は、半年ほど前に夫を亡くされたというご婦人です。亡くなったご主人が遺された財産は、従来からご婦人がご主人と共に居住していた土地と建物、それから預貯金が300万円ほどで、年金収入で生活されていました。

相続人は、相談者のご婦人（配偶者）と遠方に住んでいる長男、近くに住んでいる長女の3人でした。

居住用の土地・建物の相続税の評価額は3300万円ということでしたので、預金と合わせると相続財産は3600万円ですから、基礎控除の範囲内となり相続税はかかりませんし、申告の必要もありません。

あとは3人で遺産分割を協議して、誰が土地・建物を相続するかを決めて遺産分割協議書を作成して、それを基に相続を原因として所有権移転登記をするだけです。どこでも発生し得る普通の簡単なパターンでした。

この場合は、誰が考えても相談者である被相続人の妻が土地・建物を相続するのが圧倒的で、まずは、相談者である妻が全てを相続して、将来相談者が亡くなった時に子供２人で遺産を分割して相続するのが常識的なパターンと言えます。

しかし、常識に適わないことが起きるのも世の常です。長女が相続分を今回主張したのです。

遺産分割をどのように行うにしても、普通は妻である相談者が余生をその家で過ごせるように遺産を分割する（この事例の場合には妻が全てを相続する）というのが通常のパターンであると思いますが、このケースでは、長女が自分の法定相続分の４分の１は、どうしても、もらいたいと言って譲らないのです。

この家庭の場合、相続人は配偶者と子供２人ですから、法定相続分は配偶者が２分の１、子供２人は残りの２分の１に均等の権利がありますから４分の１ずつになります（13ページの【法定相続分のケース】ケース１参照）。

つまり、長女の法定相続分として９００万円（３６００万円の４分の１）ということになります。

相談者が、預金３００万円の全てを長女に相続させても、まだ６００万円足りません。

だからと言って、相談者としては、住み慣れた、近くに友達もいる家を売却することなど考えられません。

相談は、これを解決する何か良い方法はないかというものでした。

相談者に、「後々ややこしいことになるかもしれませんが、預貯金３００万円を長女に相続させ、残りの６００万円分は、土地と建物をあなたと長女の名義にされたらいかがですか。あなたの持分が33分の27で、長女の持分が33分の６なら、長女は法定相続分の４分の１を相続したことになりますけど」と提案しましたが、長女はお金で欲しいと主張しているらしいのです。

長女にも事情はあるのでしょうが、遺産内容を知っていながら何とも身勝手な言い分です。

常に、このような問題は、相続が発生した後になって生じてくるものです。

相談者も、わが家は相続税がかかるような財産はないから相続については心配はないとして、夫とともに相続について考えたことなどは一度もなかったようです。

この家庭の場合、最終的には長男が６００万円を長女に渡すということで決着しました。

念のため説明しておきますと、長男が出した６００万円を長女に一度に渡しますと、これは相続によって渡したのではなく、長男から長女に贈与によって渡したことになりますから、渡す際には長女から「贈与税は私（長女）が支払います」というような内容の念書を取っておく方が賢明です。

それを拒否するようなら、贈与税の基礎控除の範囲内で済むように、たとえば、6年間毎年100万円ずつ渡すことに了承させるかです。

いずれにしましても、このように自分勝手な主張をしてくるような人物は要注意です。再び事が起きれば（母親が亡くなった時など）、既にもらったものは忘れて、また自分勝手な主張をするのもこのような人物なのです。

このような人物との決めごとは、たとえそれが親兄弟（姉妹）であったとしても、後に証拠となるように念書などを取り、きっちり保管されておくことをお勧めします。

何度でも言いますが、とにかく、相続税がかかるような資産家より、相続税はかからないような普通の家庭の方が相続争いは多いのです。

この相談者のケースでは、どのような相続対策が必要であったかということになりますが、亡くなったご主人は、もし自分が死んだらどのようになるかというシミュレーションを頭が働くうちに描き出して、または専門家に相談して、トラブルの可能性を回避するような対策を講じておくことが残される妻に対する愛情であったと考えます。

仮に、自分が死んだ後で相続争いが起き、妻が住む家をなくすかもしれないという懸念があれば、自分の生前に今住んでいる家と敷地を妻に贈与しておくという方法もあります。

贈与税の配偶者への居住用財産2千万円控除規定は、子の親に対する扶養義務観念の欠落を懸念した規定だった

これは、相続税法第21条の6《贈与税の配偶者控除》というもので、婚姻期間が二十年以上で、居住用不動産（土地および建物）の贈与もしくは居住用不動産を購入するための資金の贈与であれば2千万円の控除が認められていて、贈与税の基礎控除110万円を加えれば2110万円までは贈与税の申告さえすれば贈与税は無税という特例です。この規定は、昭和41年に創設されたものです。

その創設された主旨というのが「最近における親子相互間の扶養義務の観念が薄らぐ傾向から、夫の死後（筆者注：夫の死後というのは、当時男性社会であったために、このような表現（財産を所有しているのは夫だという表現）が使われていると思われます）における妻の生活保障の意図……」となっています。まさにこの相談者の実情に沿った内容なので、ビックリですね。既に半世紀も前に「最近における親子相互間の扶養義務の観念が

薄らぐ傾向」と表現されていますので、50年も経った今、親軽視の社会情勢は推して知るべしだと思えます。

今の世の中、義務（親の介護など）は果たさず、権利（親が亡くなった後の財産を相続する権利）だけは主張するというような社会と言っては、身も蓋もありませんが、実際に、親もそれほど子供には期待しないという傾向は以前よりも明らかなようです。何とも淋しい家庭状況ですが、自分が死んだ後の妻のこと、あるいは逆の場合も含め、一方が亡くなった場合の残された方のことをちゃんと考えておくことが最も大事な「相続対策」なのかもしれませんね。

4 自分の名義が心の支えになる？

節約は必要なことですが、それが仇になったという相談を受けました。

相談者は70歳前のご婦人で、3年ほど前にご主人を亡くして、子供は、相談者と一緒に住んでいる長男と、結婚して近くに住んでいる長女がいるとのことでした。

ご主人が遺した財産は、住んでいる家とその敷地で、預金はあまりなくて、生活費は長男夫婦に任せているものの、何も出さないのは気が引けるからと、わずかな年金の中から月に５万円ほど出しているとのことでした。

平成27年１月１日前の相続税の基礎控除は、【５千万円＋１人当たり１千万円×法定相続人３人＝８千万円】でしたから、相続税の心配はありませんでした。なので、相続税の相談ではなく、今からでもどうにかなりませんかという相談でした。

相続した居住用財産を息子の名義にして登記料を節約

その内容は、ご主人が亡くなった後、ご主人が遺された財産（現在、相談者と長男夫婦および孫と住んでいる家とその敷地）を誰の名義にするのかを相談者と子供二人で話し合われたそうで、相談者の名義にする案も出たそうですが、相談者が「順番から言って、次に亡くなるのは私だから、あなた（長男）名義にしておきなさい」と、長女もこれに同意して亡くなったご主人の土地・建物は長男名義にしたということでした。

確かに、不動産登記料はかなりの費用がかかるので、馬鹿にできません。

いったん相談者の名義にしても、次に相続が発生すれば長男名義に書き換えるということを考えれば、結果は同じですから、今回長男の名義にしておけば、不動産登記料が一回で済むので、かなりの金額を節約できると考えることは十分に理解できます。

しかし、このボタンの掛け違いから、すべての誤算が始まりました。

孫が寄ってくるのは財産があるから？

休みの度に近くの孫が家にやって来て、「おじいちゃん、おばあちゃんと言って慕ってくれます」と言われるご老人の方はたくさんいらっしゃいます。

孫が寄り付く家といえば、一般的には祖父母がお金を自由にできる場合がほとんどです。なぜなら、お金があれば、何でも希望を叶えてあげられます。欲しがる物をすぐに買ってあげられます。日頃からのその気持ちや行為が孫を引き付けているとも言えます。

孫も遊びたい盛り、悲しいかな、好き好んで年寄りの近くには寄り付かないのではないでしょうか。「私の孫は優しい孫でそんなことはない！」と、お怒りのおじいちゃんおばあちゃんもいらっしゃるかとは思いますが、仮におじいちゃんおばあちゃんが何の財産もなかったら、孫が寄り付くでしょうか。と言うよりも、おじいちゃんやおばあちゃんが、むしろ、呼びたがらないでしょう。

やっぱり居住用財産を自分の名義にしたい

かなり横道に逸れましたが、相談者のご婦人が言われることには「今から、主人が残してくれた土地・家を私の名義にすることはできませんか」という相談でした。

理由は、「私には何もないと思って、長男の嫁が事あるごとに私をないがしろにする」というものでした。

嫁からすれば、少ない年金収入しかない姑、毎日々々三度の食事を用意しなければならない姑、何かにつけ小言を言う姑、嫁姑の折り合いが良ければまだいいのですが、そうでなければ何の財産もない姑など、はっきり言ってお荷物同然なのです。

長男の妻として義父が遺してくれた家に住んでいる場合、その土地・家が姑の名義であったらどうでしょう。手のひらを返したような態度は取らないのではないでしょうか。

極端な例ですが、土地・建物が相談者の名義にさえなっていれば、どうしても嫁の行動に我慢できない場合には、その土地と家を売却してそのお金で有料老人ホームに入るとかの選択肢は生まれてきます。そうした選択肢が嫁の手のひらを返したような態度を抑制するのではないでしょうか。

変更するには贈与税がかかる

相談者のご婦人の質問の回答ですが、今からご自分の名義に変えるには、長男からの贈与によって名義を変更するしかなく、3年前に遡って相続登記の名義人が間違っていたとして相談者に名義を変更すれば贈与税が課税されるのです。

高額の贈与税を納める必要がありますし、高額の贈与税と再度不動産登記料を必要とする行為に、長男が同意するはずもありませんから、「お気の毒ですけれど今更どうすることもできませんね」と回答しました。

この相談で、私は「人は何もない人には冷たい」という人間の心情の一端を垣間見た気がします。

それ以来、「相続税はかからないが、住んでいる土地・建物の名義はどうしておいた方が良いか」などの同様の相談があった場合には、誰と住んでいるのかなどをお聞きして、ここに記載した例などを示した上で「不動産登記料くらいは少々高くても節約せずに、まずはご自分の名義にしておかれた方が無難です

ね」と答えるようにしていました。

財産は持っていて邪魔になるものではありません。人生いろいろありますから、不動産登記料などを節約せずに、財産はなるべく確保しておかれた方が賢明です。

5 相続と贈与どちらが得か？

一般的には相続税だけど

相続で財産を取得するのと、贈与で財産を取得するのはどちらが得かという質問をすると、多くの方が「相続税は基礎控除が大きいから贈与より相続の方が得でしょう」と答えます。

普通は、皆さんのお答えどおり贈与よりも相続の方が得なのですが、贈与の方が得なケースもあるんですよ。

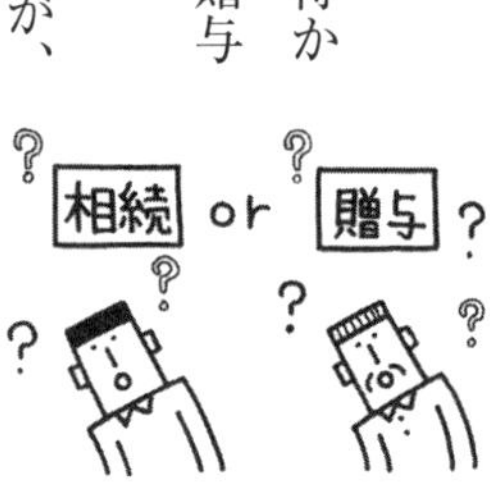

巻末205ページの別表3をご覧ください。この表は、相続財産の金額を基礎として、相続人の構成別に相続税額を示したものです。

たとえば、相続財産が3億円で相続人が配偶者と子供2人（ケース2）であれば相続税額は2860万円で、3億円に対する相続税額2860万円は実質税率9・53％ということになります。

一方、204ページの別表2をご覧ください。この表は、直系卑属に特例贈与をする金額を基礎として、贈与税額を示したものです。

たとえば、400万円を贈与すると贈与税額は33万5000円となり、400万円に対する贈与税額33万5000円は実質税率8・38％ということになります。

この結果、相続財産が3億円で相続人が配偶者と子供2人であれば相続税の実質税率は9・53％ですから、400万円までの特例贈与でしたら贈与の方が長い目で見たら得だと言えます。

相続税よりも贈与税の方が得をするラインを毎年チェック

この表の使い方は、ご自身の家族構成と概算の相続財産の金額に当てはめて、相続税の実質税率は何％かを導き出します。

導き出したご自身の相続税の実質税率よりも低い贈与税の実質税率の金額を贈与すれば、

長い目で見たら相続税よりも贈与税の方が得ということになります。

ただし、毎年贈与して行けば、その分相続財産は減少しますので、毎年表を確かめて相続税の実質税率よりも低い贈与税の実質税率を見極めるということが必要です。

この表は、いずれが得かということを判断するための表ですから、贈与をする方が若くてお元気であれば長期間かけて110万円の基礎控除の範囲内でコツコツと贈与して行かれることをお勧めします。

また、相続税法第19条の規定《相続開始前3年以内に贈与があった場合の相続税額》によりまして、相続開始日の3年前までの贈与は、相続財産に含めることになりますので、ご病気になられて余命1年とか余命宣告された後で慌てて贈与されても節税効果はありません。

6 土地とお金の相続どちらが得か？

通常は手間のかからない現金・預貯金がいいかな？
それとも評価額より時価が上回る土地がいいかな？

財産を相続する場合には土地や建物などの不動産よりも、現金や預貯金などを相続したいと思っている相続人が大半でしょう。

兄弟二人の相続争いで、現金・預貯金を相続した方（「甲」とします）と、不動産を相続した方（「乙」とします）が、次のようなことを言い合っているのを聞いたことがあります。

ちなみに、甲さんと乙さんが相続した実際の財産内容は簡単ではありませんが、わかりやすくするために、甲さんは預貯金1億円を相続し、乙さんは不動産1億円を相続したとします。

甲さんが言うには、「不動産を相続する時の価格は路線価を基に算定することになっている。路線価は、通常の取引価格の80％で算定していると聞いた。ということは、私は預貯金1億円を相続したから、預貯金1億円は1億円のままだが、土地の1億円は、実際は1億2500万円（1億円を80％で割り戻した金額）の価値がある。あなたは、私より2500万円多く相続したことになるので、その半分を私に渡せ」というものでした。

これに対して、乙さんは無視していましたし、私に意見を求めても来られませんでしたから、その後どうなったかは知りません。私も乙さんの顧問税理士なら反論しますけど、特に相続争いを煽る必要もありませんから、敢えて説明もしませんでしたが、この問題はそう簡単なものではありません。

土地をお金に換えるには所得税や手数料がかかる

確かに、相続税の土地の評価上、路線価は国交省が発表する公示価格や基準地価格を基準として80％で評価されています。

この公示価格は、売買価格の指標となるものですから、理論上は甲さんが言われているように乙さんが相続した1億2500万円の不動産は相続税の財産評価上は実際に取引される価格の80％で評価されて、1億円になっています。

しかし、預貯金の1億円はそのまま1億円ですが、土地をお金に換えようとすれば土地を売却しなければなりません。

土地を売却すれば、譲渡所得税の対象となります。

通常、相続財産は先祖代々の土地が多いものですから購入価格はないに等しい価格になるでしょう。

昔々からの所有土地であれば、購入価格は売却した金額の5％は差し引くことができますから、売却価格が1億2500万円とすれば購入価格は625万円です。

昔々から所有している土地（相続は亡くなった方が購入などした時期を引き継ぎます）を売却したら長期譲渡所得になり税率は所得金額の20％（国税：15％、地方税：5％）ですから、2375万円【（1億2500万円－625万円）×20％】になり、譲渡所得税を差し引くとほぼ1億円となり、甲さんが相続した預貯金額とほぼ同額になりますし、土地を売却するとなると仲介手数料も約380万円【売却金額×3％＋6万円】必要ですから、乙さんは甲さんと逆の立場になり、甲さんの申立ては藪へビになろうかと思います。

ただし、亡くなった方がこの土地を1億2500万円以上で購入されていた場合には、この土地の利益はありませんから譲渡所得税は課税されないことになります。

また、この土地の上に建物があり、乙さんが住んでいる場合には居住用資産となり、売却の場合には3千万円の特別控除もあるなど、ケースバイケースで税金の額も変わってきますので、必ずしも相続税の評価額を80％で割り戻した金額の価値があるということは言い切れません。

いずれにせよ、相続争いを煽るつもりはありませんが、相続争いにおいて、相手がこのようなことを言ってくる場合があります。

反論材料を持っていないと相手の主張に屈してしまうおそれもありますので、このことを頭に入れておかれるなり、もしくは具体的に事が起きましたら専門家に相談されるのがよいでしょう。

ということで、そもそもの質問「土地とお金の相続どちらが得なの？」の答えですが、損得はよくわかりません。が、あなたならどうしますか？ との問いには、お金が土地の評価金額より少々少なくても、私ならお金の方を選択します。

第五章

調査官のお仕事って？

1 「どうぞ、どうぞ」に弱い税務職員気質って？

税務職員の1年目は税務大学校、次の1年は管理運営部門

税務職員は、国家公務員の国税専門官（大学卒業）試験および初級（高校卒業）試験に合格すると、約1年3か月間税務大学校に入学して、主に税法や会計学など税務職員としての知識を叩き込まれます。

卒業時に辞令を受け取り、各税務署に配属されますが、最初は「管理運営部門」に配置されます。

管理運営部門は、主に納税者との窓口業務を行うところで、新人職員は約1年間を管理運営部門で税務署の全体の仕事の流れなどを経験します。

1年が経過すると、各部署に配置されます。

3年目に配置された部門に定年まで

税務署には、総務課・管理運営部門・徴収部門・個人課税部門・資産課税部門・法人課税部門および酒類指導部門（一部の税務署）があります。

各部門に配置されますと、基本的には最初に配置された部門の仕事に定年まで従事します。

徴収部門・個人課税部門・資産課税部門・法人課税部門および酒類指導部門は、いわゆる専門部署です。

これらの各部門では、業務で取り扱う税法自体が基本的に違うのです。個人課税部門は所得税法、資産課税部門は主に相続税法、法人課税部門は法人税法というようにです。消費税は、相手が個人であれば個人課税部門、相手が法人であれば法人課税部門が担当します。

納税者の皆さんは、一般的に税務職員は税金のことは何でも知っていると思われているようですが、個人課税部門の職員に法人税の難しい質問をされても答えることはできませんし、私はずっと資産課税でしたから相続税は答えられますが、法人税のことはわかりません。

税務署の組織は概要このようなものです。

配置後すぐに調査に

新人職員が、これらの部門に配置されると主に調査に従事することになります。

調査は、新人が納税者の事業所などに出向いて帳簿などの関係書類を確認などして行うのですが、簡単に申告誤りや不正などが見つかるものではありません。

そこで、新人職員はベテラン職員の調査に同行して、ベテラン職員の調査手法を経験したり、自分が担当する調査事案にベテラン職員に同行してもらったりします。

また、定期的に研修を受けます。研修は、不正が発見された事案の手口の研究であったり、各自が行った事案を持ち寄り、どのように調査を進めたらよかったのかと講師（幹部職員とかベテラン職員が担当する）の講釈を聞きながら、調査手法等を学びます。

税務署内部では、調査によって不正などをよく見つけてくる職員はヒーローなのです。ですから、税務職員は自分もそうなりたいと皆必死になっています。

数多くの税務職員が調査に従事していますが、調査によって国庫に入る税金は、全体の税金収納額の数％にすぎません。その数％のために、多くの調査担当者は必要ないのではないかという意見もありますが、悲しいかな調査で牽制していないと正しく申告しない人が増えるのです。

税務署は悪質な人を重点的に調査する

税務署は、悪質な人は重点的に調査をすることにしています。だからといって、皆さんのお近くで「あそこには税務署が入った」という話を聞かれても、そこが悪質という意味ではありません。

長い間、調査をしていないと確認だけのために調査に入ることがあるからです。

悪質な人を野放しにしておくと、それは蔓延していきます。アメーバみたいなものです。その悪質な人が、正しく税金も支払っていないのに高級車に乗っている、いい暮らしをしている。この人を見る近所の人は、「税金をまともに支払うのはバカバカしい」と思って正しい申告をしなくなり、またその人達を放っておくと、またその周りの人達が正しく申告しなくなり、日本全国が税金を納めなくなるという悪循環に陥る。警察官や消防署の職員・市の職員・公立学校の先生などのお給料は税金で賄われていますから、税金が入らなくなると犯罪が起きても警察は取り締まってくれない、火事が起きても消防車は来ない、道路はボロボロ、町中はゴミの山、教育は受けられないという状態になります。ちょっと大げさでしょうか。モノの喩えです。

税務職員の使命

話を元に戻しますが、税務職員にとって、調査によって申告誤りを見つけることや不正発見は使命みたいなものです。

そのためには、通勤途上や土曜日曜など出掛けた時なども ぼやっとはしていません。行列ができている店などを見つけると、メモったりしておいて、その店の申告内容を確かめて、正しく申告されているかどうかを確認します。

税務職員が調査に出向くと歓迎されることは当然ありません。ただ、幸いなことは会社の営業さんみたいに門前払いはされないことでしょうか。嫌々ながらも事務所や家の中には入れてもらえます。法律上も税務調査を拒否することはできません。

事務所や家の中に入れてもらって、帳簿や関係書類を見て質問などをするのですが、そこで納税者の方々の反応はさまざまです。

嫌味を言われる方、「机の中や金庫の中を見せてください」と言ったら拒否される方、怒り出される方、脅迫じみたことを言われる方といろいろといらっしゃいます。

新人は別なのですが、ベテラン職員は嫌味や怒られるくらいは慣れています。少々脅迫気味なことにも平然としていますし、相手から訴えると言われても違法な調査をしていない限り、かえってハクが付くくらいにしか思っていません。それまでに幾度となくそのような目に合ってきたからです。

税務職員にとって、そんなことよりも申告誤りを見つけることや、あわよくば不正を発見することが重要なのです。

何も見つけることができずに税務署に帰る時は税務署の敷居が高く感じられるものです。会社の営業の方が、何日も何日も何の実績も上げずに自社に戻られる時の心境と同じようなものでしょうか。

非協力的な態度は本能に火を、「どうぞ、どうぞ」は苦手

調査先で調査に協力しないような態度を取られると、「何かがある」と税務職員の本能に火が付くのです。税務職員が、ここには何かがあると感じると少々のことでは手を引き

ません。

相続税の調査の場合ですが、亡くなられたご主人の奥さんから少々のことを言われてもそんなに気になりませんが、亡くなられた方の子供さん（調査担当者と同じような年齢の方）から言われたら、顔は平然としていますが、心の中では「見ておけよ、とことんやってやる」と闘志に火が付きます。

亡くなられたご主人の奥さんは、ご主人と共に苦労してこられたという認識がこちらにもありますからどうということはないのですが、同じような年代の子供さんとなるとこちらの僻み根性もあって「たまたま資産家の家に生まれただけじゃないか」という気持ちがありますから、ギャフンと言わせなければ気が済まないという気になるのです。

そのようなことで、税務職員に嫌味や少々脅迫気味なことを言っても、税務職員の本能に火を付けるくらいで逆効果になりますから、そのようなことはしない方が得策です。

それよりも、一番税務職員がガックリするのは、「どうぞ、どうぞ」なのです。

「その社長の机の中見せてもらっていいですか」「どうぞ、どうぞ」

「金庫の中を見せてもらっていいですか」「どうぞ、どうぞ」

税務職員としては、相手が見てもらいたくないと思っている何かが隠されている所を見たいのですから「どうぞ、どうぞ」と言われた途端に「見ても仕方がない」と思うのです。

ですから、税務調査を受ける時は、税務職員の本能に火を付ける嫌味などは逆効果で、「どうぞ、どうぞ」が効果的と言えます。

調査先で、何を言っても「どうぞ、どうぞ」と言われた段階で、気持ちの中では「ここには何もないから、早く切り上げて次の調査事案に着手しようか」などと考えていたものでした。

2　どうやって税務調査先を決めるのか？

相続税の申告は1・5倍に

平成27年1月1日前には、相続税の申告が必要な人は亡くなった方全体の約4％で、100人の人が亡くなったら、4人の方の相続人は相続税の申告が必要となっていました。

それが、平成27年1月1日から相続税の基礎控除が4割減ったことから、亡くなった方の6％（まだ統計は出ていません）は相続税の申告が必要になると想定されています。

相続税の申告は、被相続人が住んでいた住所地を管轄する税務署に申告書を提出することになります。相続人がどこに住んでいようと被相続人が亡くなった日（相続開始日）から10か月以内に被相続人の住所地の税務署に申告することになります。

全体の約6％といっても、税務署にはたくさんの相続税の申告書が提出されます。相続税は人の死が課税原因ですから、相続税の申告書が提出されたからといって特別な事情がない限りは、すぐには調査に着手することはありません。

申告書が提出されると審理に

すぐに調査には着手しないとは言っても、その間、申告書を放置しているのではなく、調査対象に選定するか否かを審理しているのです。これを税務署内部では申告審理と言っています。

申告審理はどのようにして行うのかですが、相続税がかかるような資産家の方は生前においてもそれなりの収入があるのが通常ですから、過去に被相続人から提出された所得税の申告書などを検討して、その収入金額から税金を差し引き、さらに生活費などの必要経費などを差し引いて一年間にどれくらい財産が蓄積できるのかを想定します。

その上で、収入を得ていた期間などからおおよその蓄財金額を割り出して、その期間において土地の購入や建物の建築など大きな支出はないのかなどを確認します。

そして、申告された預貯金や有価証券（税務署内部では不表現資産と言っています）の合計額が、想定した蓄財金額と比較して少ない場合などには、「収入と比較して不表現資産が僅少」として調査事案とします。

その他、銀行や証券会社の照会文書の回答から、妻や子供などの名義の預貯金や持ち株が多い場合なども調査事案とします。

相続税に慣れた税理士さんなどは、相続税の申告書を作成する際、税務調査によって税務署に指摘されないよう家族名義の預貯金なども検討していますが、これも全ての申告書についてやっていることではなく限界があると言われます。それはどうしてかと言いますと、相続人の抵抗が強い場合があるとのことです。

税理士に要求された資料は出しましょう

相続人としては、自分の名義になっている預金は自分の預金という意識がありますから、税理士さんが「家族名義の預金通帳も確認させてください」と言うと、「なぜ、そんなものまで確認する必要があるのか」と言われれば、相手は顧客なのでそれ以上は言えないとのことでした。

確かにそうだとは思いますが、税務署が必ず確認して指摘してくるものですから、問題がなければそれはそれでいいわけで、もしも問題があるようなものなら、相続人も税理士さんもお互いが税務署から指摘があるかもしれないと認識しておいた方が税務署から指摘された際に対応がしやすいと思うのですが……。

そもそも相続税は皆さん慣れていませんし、自分が依頼した税理士さんが自分の預貯金まで確認するとなると抵抗したくなるのも無理からぬことかもしれません。

ただ、税理士さんは納税者の財産を守るという使命も帯びていますから、余分な必要のないものまで率先して申告しようとする税理士さんは一人もいないと言っても過言ではありませんので、家族名義の預貯金等の通帳を確認したいとの要請があれば、相続人としては見せておいた方が後々自分を守ることになるかもしれません。

この本を読まれた方が相続税の申告をされる時には自分を守るという意味でも、なるべく多くの資料を税理士さんにさらけ出してください。

3 調査で指摘されたから得をした？

ここでは、紆余曲折はあったものの、相続人にとって結果が良かった事例を紹介します。

この相続は、独身の女性が亡くなって、女性の両親は既に死亡していたので、相続人は兄弟姉妹でした（14ページの【法定相続分のケース】4をご覧ください）。

持っているはずの株式が申告書に記載されていない

女性は、兄と姉と妹の四人兄弟（姉妹）でした。

税務署では、提出された申告書に申告漏れとなっている財産はないかどうかと事前に申告審理という作業を行うことは既に述べていますが、これは、税務署内部の資料や銀行・証券会社などに照会文書を送付して回答された銀行預金の取引内容や証券会社の顧客勘定元帳などの内容を見て、正しい申告がなされているかどうかを見極めて、正しいと判断されたら上司の決裁を経て台帳に綴り込み、申告漏れが想定されたら調査事案として管理して順次調査に踏み切るのです。

今回の調査事案の問題点は、税務署内の資料（この女性の過去の申告書の配当所得の申告）から、女性は過去に甲社の株式1万株を所有していたことがわかったのですが、甲社の株式を売却した形跡がないのに相続税の申告書に甲社の株式が記載されていないというものでした。

当時、甲社の株式は1株8千円という金額のもので、1万株となると8千万円です。これが申告されていないのですから税務署は当然のことながら調査に移行します。

女性が甲社の株式を売却したのであれば、売却した金額に相当する金額がどこかの銀行か証券会社に入金されているはずですが、その入金がどこの銀行にも証券会社にもありませんでした。

一方、甲社の配当金が、女性の死亡後も女性の預金口座に振り込まれていることも確認できました。

これは、甲社の株式が女性の名義で残っているという確信的な証拠です。

いよいよ調査開始

調査初日、調査担当職員が死亡前に女性が住んでいた家に赴き、顧問税理士の立会の下で女性の兄弟（姉妹）と面談して一通りの話（女性の経歴・趣味などを聞くのは鉄則）をして、いよいよ本題に移りました。

どの相続人も、甲社の株式のことは知らない、そのようなものを持っているとは亡くなった本人からも聞いたことがない、と存在を否定しました。

職員は仕方なく「それなら、皆さんが知らない、まだ確認されてない場所にあるかもしれませんから、家の中の主な場所（金庫であるとか、仏壇の引出しおよび重要な物を保管されていたと思われる所）を見せていただけますか」と言ったところ、女性の兄が突然に「何の権限があってそんなプライベートに関する部分を見るのか！　これは強制調査か！」と怒り出して収拾がつかない状態になったので、取りあえずはその場を引き取り、出直すこととしました。

確かに、税務署の調査は国税局の査察調査と違って任意調査ですから、相続人の了解なくしては勝手に家の中を見ることはできません。

その話を聞いた私は、すぐさま調査に立ち会った顧問税理士に電話をして税務署に来ていただきました。

税理士さんに、改めて甲社の株式について質問すると、税理士さんも甲社の株式のことは相続人から聞いてはいないということでした。

確信を持って税理士に依頼

私は、税理士さんに「先生にお願いがございます。甲社の株式は亡くなられた女性のお兄さんが持ってらっしゃいますから、お兄さんを説得して甲社の株式を出させてください。もし、それでもお兄さんが出さないとなれば、毎月甲社に照会文書を送付して売却の事実を確認します。そうなると、売却するのもできずに宝の持ち腐れということになりますとお兄さんに伝えてください」と長男さんの説得を税理士さんに依頼しました。

次の日、税理士さんが税務署に来られて「ありました。ありました。女性宅の畳の下から見つかりました」と言って、甲社の株式1万株を持参されました。

その後、税理士さんに、修正申告書の提出と甲社の株式の申告漏れは隠ぺい（隠匿）に当たるとして重加算税を賦課する旨を伝えましたが、長男が隠ぺいしたのは事実であることを税理士さんもよくご存知ですから、重加算税の賦課については抵抗されませんでした。修正申告による相続税の追徴税額が約2300万円、重加算税が約700万円、合計約3000万円という相続税額を納付していただきました。

当時、調査担当の職員から「なぜ甲社の株式を長男が持っていると確信を持って言い切れたのですか」と問われましたが簡単なことです。

調査官にはわかる相続人の不自然さ

金額は8千円ではなく、8千万円なのです。

税務署があるはずと言っている8千万円の価値の株式が本当になければ、職員が「家の中の主な場所を見せてください」と言った時には、「どうぞ見てください」と承諾して、一緒になって探してくれて、それらしきモノが見つかれば「こんなモノがありましたが、関係ありませんか」と言って持って来るくらい必死になるはずが、「何の権利があって……」と言って怒り出したら、「私が持っています」と言っているようなものです。

このような場面では、一緒に探すくらいのポーズでも取ってもらわないと、その人が隠していることはすぐにバレてしまいます。

それでも見つかって良かった？

その甲社の株式ですが、その直後バブルが崩壊して一時1株2800円になりました。1万株で2800万円というわけです。

あのまま隠し続けていたら、税務署の目は怖いし、脱税したという後ろめたさは残るし、株価は悲惨な状態だしと、三重苦を背負うことになっていたかもしれませんので、結果オーライということでしょうか。

当時、長男が正直に認めたことで、暴落する前の8千万円ほどで売却して、追徴の相続税と重加算税の合計3千万円を納めたものの、手許には5千万円が残ったのですから、本当に何が良いのかわかりません。

指摘された時は、「税務署の野郎が多額の税金を持って行きやがって！」と憤懣やる方なしだったと思いますが、当時正直に出していなければ、暴落後で甲社の株式を売却しても追徴の相続税と重加算税を支払うのに、別途持ち出さなければならなかったわけですからね。

ちなみに、相続税で申告をする株式の価額は、相続開始後に株価が下がった時点で売却した場合に、その時点の価額ではなく、相続開始日を基準として一定の評価方法で株式を評価します。あくまでも相続開始日が基準です。

逆に、相続開始日以後に値上がりしていても、相続開始日が基準日となります。

4 仮名預金が２００口座もあった？

今は懐かしいマル優時代は仮名預金が横行

銀行預金調査において、マル優制度（少額貯蓄非課税制度…後ほど解説します）が誰にでも認められていた頃は、どの銀行においてもマル優制度を利用するがための仮名預金が存在していましたので、相続税調査も被相続人の仮名預金を把握（発見）することが調査の主流でした。

仮名預金をする目的は、利子税を納めなくていいようにすることと相続税対策です。

今では信じられないことですが、この仮名預金が頻繁に作られていた頃の定期預金利息は約８％もあったのです。１００万円を８％の複利で10年間預けたら２００万円になる時代でした。

300万円の1年間の利息が24万円にもなるのです。

仮名預金を作るような方は、もちろん実名でも300万円のマル優預金をして、さらに残った金額は仮名預金にするのです。

仮名預金を把握する方法としては、銀行が管理保管している仮名預金管理簿（名称は各銀行によって異なる）を見るのが一番手っ取り早い方法なのですが、銀行も大事な顧客の預金ですから、税務職員に見せるのにはなかなか抵抗も強く、簡単に見られるものではありませんでした。

仮名預金の捕捉はホントに大変

そこで、一つの方法としては、被相続人名義の普通預金の取引内容を復元して、取引の内容から大きな金額の入出金を解明する（その入金がどこから入って来たのか、またはその出金はどこに流れたのかをハッキリさせる）のは当然のことなのですが、それと、小さな金額で、一円の位までの端数が付いた入金をピックアップするのです。

なぜかというと、通常の預貯金の入金で円単位まで入金することは稀で、定期預金の利息が入金された可能性が高いからです。

被相続人名義の普通預金口座に端数金額が入金された日に、被相続人名義の定期預金が満期を迎えていてその定期預金の利息が入金されていれば問題ありませんが、その日に被相続人名義の定期預金の満期がない場合や満期を迎えた被相続人の預金利息より多額の入金があれば、被相続人の仮名の定期預金の利息が入金された可能性が高いのです。

そこで、その日の伝票から満期を迎えた定期預金を全て抽出して、氏名と住所と利息金額を書き出して、銀行から電話帳を借りて電話帳と照合をします。電話帳に乗っている人は実在する人ですから順次リストから消していきます。

残った定期預金の預金利息金額を電卓で順次乗じていきます。1番目と2番目と3番目という具合です。乗じた結果が入金金額を超えたら、今度は、1番目と2番目と4番目という具合です。

その繰り返しを根気よく行っていくと、入金金額とぴったり合う組み合わせが見つかります。そして、被相続人の仮名定期預金は1番目と5番目と6番目、などと推定できるわけです。

次に、その定期預金が1年後に満期を迎えた時の被相続人名義の普通預金の入金を確認します。その定期預金の利息相当額が再び被相続人名義の普通預金口座に入金されていたら、確実に被相続人の仮名定期預金であるということになります。

わかりやすいように、1番目と5番目と6番目というように、被相続人の仮名預金を簡単に発見できるような表現をしましたが、大都市の大きな銀行で、取引日によっては、定期預金の満期は星の数ほど存在していますので、まるで暗号を解くような作業です。

現在は、このような仮名預金は銀行には存在しませんが、以前はたくさんの仮名預金がありました。

相続人の知らない仮名預金を見つけて、相続人から感謝

なかには、相続人もその存在を知らず（被相続人が家族の者にも内緒で仮名預金を作っていて、預金証書も隠していたような場合で、相続が発生した時に相続人もその存在に気が付かなかったような場合）に、税務署の調査によってその存在を初めて知ったというケースも稀にありました。

そのような場合は、「税務署が調査に来て、とても嫌な思いをしていましたが、いいこともあるのですね」と、相続人にとても喜ばれたものです。

このような時は、追徴の税金もいただきやすいものです。なにせ相続人にとっては棚ぼたみたいなものなのですから。

私が関与した案件にはありませんでしたが、１００口座や２００口座にも及ぶ仮名預金を作っている方も存在したそうです。１口が３００万円のものが主でしたから、そのような方の仮名預金の総額は３億円から６億円という途方もない金額です。

仮名預金の１つの解明方法を書きましたが、このようなことも今は仮名預金が存在しないから書けることであって、今も存在していたら調査手法を漏らすなとお叱りを受けるところです。

以上は過去のことでありまして、銀行預金で今一番問題になるのが「名義預金」というものです。

名義預金というのは、妻名義、子供名義、孫名義といったように家族名義の預金です。仮名預金と違って、実在する人名義の預金です。

●マル優制度：正式には「少額貯蓄非課税制度」

通称「マル優」とは、所得税法第10条の規定により、金融機関を通じて税務署に「非課税貯蓄申告書」を提出すれば、一定金額までの元本の預貯金等の利子所得には所得税を課税しないという制度です。

昭和63年４月から高齢者などの貯蓄以外は原則として廃止されました。

平成18年からは、障害者などだけを対象としています。

5 「贈与をしたつもり」では名義預金にされる？

仮名預金の項目でも書きましたが、相続税の調査において、銀行預金で今一番問題になっているのが名義預金です。

名義預金というのは、妻名義、子供名義、孫名義といったように家族名義になっていますが、家族は実質の預金者ではないという預金です。仮名預金と違って、実在する人名義の預金です。

「贈与をしたつもり」ではダメ

たとえば、１つのケースは、ご主人の給与収入を妻が管理運用していて（このようなご家庭は多いと思います）、運用してもずっとご主人の名義で運用すれば問題はないのですが、徐々に妻名義に移行して行き、徐々に、あるいは急に妻名義の預金額が増えて、いざ相続が発生した時には妻名義で相当の預金が作られているような場合です。

また、2つめのケースは子供や孫に贈与税の基礎控除の110万円の範囲内で毎年預金をしているような場合など、税務署は「実際は誰の預金か」ということを問題にします。

前段のケースは、実質ご主人の預金と認定されても仕方がないでしょう。

後段のケースは、それこそケースバイケースでどちらに認定されるかわかりませんが、どのようなケースであれば実質贈与者のもの、または預金名義人のものと認定されるのかその境界線が気になるところです。

後段のケースは、贈与者は贈与税の基礎控除の範囲内で毎年、受贈者である子供や孫の預金口座に預金を繰り返しているので、贈与の形は整っているのですが、その実質は贈与をしたつもりになっているものが実に多いのです。

贈与をしたつもりとは、どういうことかといいますと、贈与といいますのは、民法上は贈与者が「あなたにお金を差し上げます」、受贈者が「はい、いただきます」という契約なのです。また、受贈者は贈与によってお金をもらったわけですから、そのお金は受贈者が自由に管理運用できるということになります。

とすれば、「はい、いただきます」と言えない人や管理運用できない人は受贈者になれないことになります。それでも、贈与をしたということは、実際にはできないので「贈与をしたつもり」と判断されかねません。

「名義預金」判定のポイント

贈与とかについて理解できる未成年の子供への贈与は判断に迷いますが、ある程度の年齢までは、子供や孫名義で預金をされた預金通帳（預金証書）や銀行カードをしっかりと贈与者である祖父母や父母が握っていても、理解できないこともありません。

ただ、既に嫁いだ娘の預金通帳や他で暮らしている次男や次男の子供（孫）の預金通帳などを贈与者が持っているのであれば、税務署から名義預金として実質は贈与した祖父母や父母の預金と指摘されても反証はなかなか難しいでしょう。

そこで、名義預金としての判定のポイントを示しますと、①預金のお金を出した人（出捐者）は誰か、②預金の管理運用は誰が行っていたのか（通帳や銀行カードの管理は誰がしていたのか、また、満期時の更新などは誰が行っていたのか）、③預金の届出印鑑はどのようなものか（銀行で使用する届出印鑑は、贈与者と受贈者は同じ印鑑を使用していないか）、そして、その印鑑は誰が持っているのか、④預金の届出住所はどこになっているのか（嫁いだ娘の届出住所が実家のままになっていないか）、⑤預金利息は誰が受け取っているのか、⑥仮に、110万円を超える預金がされていた場合、受贈者は贈与税の申告をしているのか、などをチェックします。

贈与税申告は贈与が成立している証拠にはならない

①は、贈与の意思があれば当然に贈与者が出捐しているでしょうが、②から⑥は、一つでも不備があると名義預金と疑われ、実質贈与者の預金として指摘される可能性が大きいことは覚えておいていただきたいと思います。今現在、子供名義や孫名義で預金をしていらっしゃる方は、②から⑥を一度チェックしておいてください。

111万円や120万円を贈与して、その証拠を残すために税務署に贈与税の申告書を提出して、基礎控除の110万円を差し引いた差額に対する贈与税（111万円であれば1千円、120万円であれば1万円）を支払っていらっしゃる方もいますが、上記の②から⑤に不備があれば、贈与税の申告書を提出していてもあまり意味はありません。

贈与税の申告書の提出は、一つのチェックポイントにはなりますが、贈与税の申告書を提出しているからといって、それで贈与が成立しているという証拠にはなりませんからご注意ください。

届出印鑑のミスは決定的な証拠に

また、③の銀行で使用する届出印鑑は、贈与者と受贈者は同じ印鑑を使用するよりも別々の印鑑を使用すべきと書きましたが、複数の孫に対する贈与預金口座について、原則どおり違う印鑑を使用していたのですが、ちょっとした手違いで孫名義の預金が実質贈与者の預金とされた例を紹介します。

贈与者は祖父で受贈者は祖父の妻と長女と長女の子供の太郎と幸子でした。長女は嫁いでいて他県に住んでいました。また、贈与した預金を預けている銀行は贈与者が住んでいる近くの銀行の支店で、妻と長女と孫に贈与するのは毎年同じ日でした。

贈与した預金は定期預金にされていて、その定期預金の届出印鑑はそれぞれに違う印鑑でしたが、氏名まで入っているとても複雑な印鑑でした。

贈与は長年行っていて、各定期預金の金額はかなりの金額になっていました。

贈与者が亡くなられて、この贈与者を被相続人とする相続税の調査の際に、税務署は妻名義・長女名義及び孫名義の定期預金は実質被相続人の預金（名義預金）ではないかとして、一通り①から⑥の状況を調べました。①②④⑤⑥からは実質被相続人の名義預金とする決め手は掴めなかったのですが、銀行調査に入り、届出印鑑について調べますと③に決め手が見つかりました。

当初の各定期預金の開設当時の印鑑届は各人の印鑑になっていたのですが、贈与者の死亡直前の各定期預金の満期による継続の手続時において、幸子の定期預金の継続手続きの伝票に押印されていた印鑑は贈与者の妻の印鑑だったのです。銀行側も、印鑑が複雑で贈与者の妻の印鑑と贈与者の長女の子供の幸子の印鑑が名前まで入っているのに酷似していたため、印鑑相違とは気が付かなかったのでしょう。

「それだけなのに何故それで贈与者の預金になるの？」と思われるでしょうが、理由は次のとおりです。

長女の子供の幸子が住んでいるのは他県です。各人が印鑑を持っているのであれば、継続の手続伝票に贈与者の妻の印鑑を押すはずはありません。

このことは、贈与者が全員の印鑑を持っていたという証拠を残していたようなものです。

贈与者が、全員の印鑑を持っていたということは、各定期預金は贈与者がしっかり管理していたということにもなるのです。

銀行の印鑑はこのように、あまりに複雑でよく似た印鑑を使用してちょっとした手違いで証拠を残してしまったという例もあります。

あくまでも贈与とは、贈与者が「あなたにお金を差し上げます」、受贈者は「はい、いただきます」が原則です。

贈与者が、銀行印も銀行カードも管理していたら、税務署の調査によって、贈与したのではなく贈与したつもりだったと判断されて、「実質の預金者は被相続人だから相続財産に含めてください」と指摘されるケースが実に多いのです。

6 親子間の金銭消費貸借を判断するのは税務署じゃない？

子供が事業を始めるのに、事業開始の開業資金を親が出すということがあります。親が開業資金を出したままですと、贈与税の対象になり開業資金であることからその金額は少なくはなく、贈与税も多額の納税額になります。

金銭消費貸借の税務署チェックは厳しい

そこで、皆さんが取られる対応策が親子間の金銭消費貸借です。これは、親が子に開業の資金を貸すというもので、子は親から開業の資金を借りるのです。

あくまでも貸し借りですから贈与税の対象にはならず、もちろん贈与税はかかりませんが、他人との貸し借りであれば絶対に有り得ない「ある時払いの催促なし」というのが親子間であれば通用しますので、税務署も子は親にちゃんと返済しているかどうかをチェックします。

ある時、この親子間のお金の貸し借りについて電話による相談が親御さんと思われる方からありました。

親子間の金銭消費貸借については、税務署も厳しくチェックしますから、相談されてきた方がチェックを受けても贈与税の課税がされないように、①金銭消費貸借契約書を作成すること、②返済期間は通常考えられる期間とすること（たとえば、親の年齢が50歳であるのに返済期間が50年は通用しない）、③返済金額を決めておくことなどを説明したところ、相談されてきた方が急に怒り出されて、「そんなもん作る必要なんかない！　税務署はそんなもん作ってなかったら親子間のお金の貸し借りは認めないのか！」と怒鳴り、ガチャンと電話を切られました。

この方は大きな勘違いをしているのです。

お気づきですか？　金銭消費貸借を税務署が認めないという判断はしません。

税務署は行政機関です。国税を徴収するところであって、納税者の皆さんが行った税金に関する行為について、認めるとか認めないとかの決定権はありません。最終的に決定権があるのは裁判所です。

金銭消費貸借かどうかを判定するのは国税不服審判所や裁判所

簡単に説明しますと、税務署の調査等で指摘を受けたとします。税務署の指摘が妥当で納得がいくのであれば、修正申告書を提出して差額の税額を納税するということになりますが、税務署の指摘にどうしても納得がいかない場合には修正申告など自ら提出するはずもありません。

税務署は納税者から修正申告書が提出されないからといって課税をあきらめて終了することはできません。

なぜなら、課税をあきらめて終了していたら、誰もまともな申告書を提出する人がいなくなるからです。

そこで、更正処分（無申告の場合には決定処分）を行います。

これは、税務署の調査結果を基に一方的に納税者に通知書を発送するものです。

この更正処分の通知書が来たからといって、納税するしか道がないわけではありません。

税務署の更正処分に納得がいかないとして国税不服審判所に審査請求をすることになります。

国税不服審判所は納税者の権利救済のために作られた機関で、税務署の更正処分の内容が正しいか、または納税者の主張の方が正しいかを調査等を行い判断して、裁決書という文書をもって税務署と審査請求人（納税者）に結論を通知します。

国税不服審判所の裁決書の内容が、税務署不利の場合であったら税務署は国税不服審判所の裁決書の判断に従わなければなりません。

一方、国税不服審判所の裁決書の内容が、審査請求人に不利の場合には、審査請求人は、さらに裁判所に判断を求めるべく訴状を提出することができます。

稀に最高裁判所まで判断を求めておられる大きな事件もありますが、大概の場合には皆さん地方裁判所までで決着していますね。

国税不服審判所で税務署有利の判断が、裁判所で納税者有利に逆転するということも稀に発生します。

近年で、皆さん記憶に新しいという判決では、競馬の配当金課税問題がそうですね。

税務署は証拠がない方が都合が良い

話を戻しますが、要するに最終的に認めるのか、認めないのかを判断するのは税務署ではなく裁判所なのです。

したがって、親子間の金銭消費貸借の場合、きっちり①金銭消費貸借契約書を作成し、②返済期間は通常考えられる期間とし、③決めた返済金額を決めた日時に返済する、④返済は、現金で行うのではなく、後で証拠が残るよう銀行振込とするなど、高額の贈与税が間違っても課税されないようにするには、それなりの対処を行うこと、証拠を残すことをお勧めします。

税務署側からすれば、なるべく証拠はない方が都合が良いわけです。なぜなら、「返済はどうされていますか?」という質問に、通帳があるわけでなく、返済の確認が取れないのであれば、実質贈与と判断しやすいということです。

また、税務署からの贈与税の決定処分に納得いかないとして、国税不服審判所や裁判所に判断を求めたとしても、証拠がなければ信憑性はなく、税務署有利の判断が出る可能性が高いのです。

結局、きっちりとした契約書や返済の証拠があれば、税務署はそれを認めるのではなく、どうせ負けが見えている喧嘩はしないということであって、課税をあきらめたということなのです。

電話相談をされてきた方は、自らを守る証拠書類の作成を放棄されたわけですから、冒険家であろうと思います。

7 価値観の違いってどうにもならない？

普通に見えても価値観は大きく違う

それこそ、いろんな所へ相続税の調査に出向きました。

門構えだけでたじろいで、本当にこの家に入ってもいいのだろうかというような、門だけでも私の家よりも高いだろうと思えるような御屋敷であったり、門からかなりの距離を歩き、川を渡ってやっと玄関にたどり着くというような御殿であったり、この中に何人の人が住んでいるのだろう、どんな人が住んでいるのだろうなどと考えると、門前に立っただけで脚が震えたりしたことも少なくありません。

玄関を開けていただいて家の中に入れてもらうと普通の人が普通に応対してくださいますから、ホッとしたものです。とはいえ、やっぱり私みたいな庶民とはだいぶ価値観は違うものです。

80万円の電灯に300万円の絨毯

ある調査先で、居間に座ってテーブルに出していただいた書類や領収証を確認していた時のことでした。

あるデパートの領収証を見ていた私が「ほう、この領収書には電灯が80万円となっていますが、この電灯は今どこにありますか？」と聞くと、対応していただいていた相続人の奥さんが、上を見上げて「これです」と言われたので、しげしげと見ましたが何の変哲もない普通の電灯にしか見えませんでした。

また、しばらく領収書を繰っていると、絨毯300万円の領収証が出てきましたので、「この300万円の絨毯はどこにありますか」と聞けば、奥さんは事もなげに「これです」と言って下を指差されました。

今のように世間でタバコについてうるさくない時代のことでしたが、テーブルの上は書類がいっぱいで灰皿が邪魔になるから、なんと300万円もする絨毯の上に灰皿を置いてタバコを吸いながら書類を見ていた私は大慌てです。焦がしでもしたら、半年はただ働きになってしまいます。

　でも、仮に焦がしたとしても、きっと何も言われなかったでしょうね。言うようなら、きっと、灰皿を絨毯の上に置いた段階で大騒ぎするでしょうから、300万円の絨毯くらい私の家の数千円の敷物と同じような感覚なのかも知れません。

　こちらとしては、普通そのような高価な絨毯は、滅多に出入りしないような貴賓室に敷かれているものばかりと思っていましたが、そこは庶民との測り難い感覚の差なのです。貴賓室があること自体、かなり稀なことでしょうけど。

　ちなみに、私はそれ以降、御屋敷では絶対にタバコは吸いませんでした。

　資産家の皆様方、庶民を家に入れる時は家具や置物などに値札を付けておいていただきたいと思います。絶対に触りませんから……。

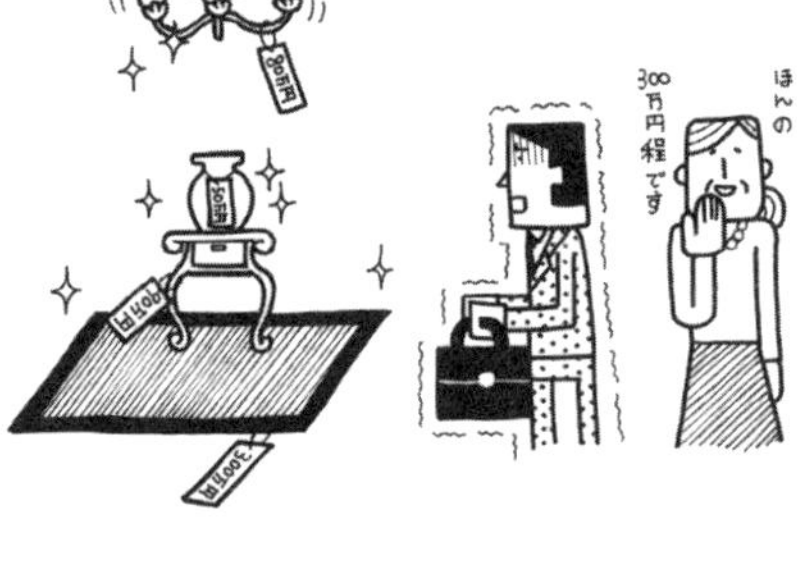

第十八章

成功する節税・失敗する節税

1 やっぱり最高の節税策は年間110万円贈与？

高齢者の資産は市場に出たか

相続税・贈与税の特例には、相続時精算課税制度、教育資金の一括贈与、結婚子育て資金の一括贈与、住宅建築資金の贈与など、最近になってたくさんの特例ができています。国民の金融資産保有額は約1千4百兆円（2013年末）ともいわれていますが、国民の金融資産の保有者の大半が、還暦を超えた、いわゆる高齢者であるというのが現状です。

政府は、高齢者の金融資産を眠らせず市場に出すことで景気を刺激して、景気低迷から脱却することに躍起になっており、高齢者の金融資産を市場に出させるべく、さまざまな特例を創設したわけです。

贈与税の特例のなかには、内容をちゃんと知った上で活用しなければいけないものや、予想したほどの効果のない特例もあります。ここでは私の経験において最高の相続税の節税策であろう、110万円の基礎控除を活用した贈与について説明します。

相続税の節税策は110万円贈与がいい

オーソドックスですが、何と言っても贈与税の110万円の基礎控除を使った節税策が一番です。

この110万円の基礎控除は、贈与してもらう側が1年間に110万円であれば基礎控除の範囲内ですから、もちろん贈与税もかかりませんし、税務署に贈与税の申告書を提出する必要もありません。

なかには、後々税務署に証拠を残す方法として、毎年111万円の贈与を受けて1千円【(111万円－110万円)×10％】の贈与税を納税する方もいますが、私はそのようなことは必要ないと思っています。それよりも大事なことがある、というのは既に、第五章で書きました（5 「贈与をしたつもり」では名義預金にされる？）。

毎年こつこつ110万円

110万円の基礎控除は、贈与してもらう側が1年間に110万円ですから、たとえば、子供が2人で孫が4人でしたら1年間に660万円、10年間で6600万円もの財産を無税で次の世代に移すことができるわけですから軽視できません。

相続税対策をせずに、仮にこの6600万円が相続財産として残ったならば、相続税は累進課税（課税される相続財産が多いほど高い税率が課される、最高税率55％、最低税率10％）ですから、相当の資産家であれば約3600万円、最低でも660万円の節税ができるというわけです。このような有効な節税策を見逃していてはいけません。

ところがです。相当の資産家であっても、多くの方が、この110万円の節税策をしていないのが実情です。

この110万円節税策は、期間は長ければ長いほど有効です。言い換えれば、長期間の贈与が可能ですから、若ければ若いほど有効ということが言えます。

若いうちから、自分が死んだ時の相続税を考えるというのは抵抗があるというお気持ちもわかりますが、税務署で相続税の申告書を見ていると、「この方は生前に相続税対策をされていたらもっと節税できたのに」、「ホントにもったいないなぁ」と感じることも少なくはありませんでした。

親が怖くて言えない「相続税対策」

若手経営者の方の研修会などで講演した際に、受講された若手（会社の二代目の方が多かった）の方がよく言われるのは、「親父に聞かせたかった」というもので、皆さん父親が死んだ時の相続税は怖いけれど、父親の前で相続税の話を切り出すのはもっと怖いと口を揃えて言われます。

私の場合は、60歳を超えた方を対象にして講演を行う場合には、まず「本日来ていただいている皆さんはお元気ですけど、万一ご自分にもしものことがあった場合には、相続税がどれくらいかかるのか計算されたことはありますか？」との問いかけから始めることにしています。計算している方は本当に稀で、会社の顧問税理士がしているくらいでしょうか。

それくらい、相続税というものは、税金ということだけでなく、人の心情にも触れる微妙な問題と言うこともできますから、相続のことについて親に切り出し難ければ、この本を親の目に触れる所に置いておくとか、この本のこの部分でこのような注意をしているので、我が

家は大丈夫だろうか、などと切り出してみてはいかがでしょうか。
そのためには、この本が有名になってないといけませんね。

2 配偶者を大事にすれば必ず良いことがある?

贈与税の基礎控除110万円を利用した相続税の節税策を紹介しましたが、この節税策は長期間行えば行うほど効果がありますが、さらに有効なのは、配偶者を大事にすることです。

配偶者控除はやっぱり大きい

配偶者は、苦楽を共にしてきた、共に財産を蓄積してきたという面がありますから、相続税法により配偶者の税額軽減によって相続財産のうち、法定相続分または1億6000万円までは財産を相続しても相続税がかからないという特例が設けられています。

配偶者が受ける小規模宅地等の特例も

また、相続税における小規模宅地等の特例では、配偶者が相続する居住用資産であれば、３３０平方メートルまで80％の評価減が受けられます。

亡くなった方と共に住んでいた居住用資産の評価が仮に４０００万円であれば、３２００万円の評価減が適用されますから、課税される金額は８００万円なのです。

贈与税の配偶者控除も

さらに、贈与税では、20年連れ添った配偶者に対して居住用資産の贈与をすれば、基礎控除の１１０万円とは別に、２０００万円の控除が受けられます。

相続税法で、３年以内の贈与加算という規定がありまして、亡くなられた日から遡って３年以内に贈与した財産の価額は相続税の課税財産に加算することになっています。

しかしながら、配偶者に対する居住用資産の贈与は３年以内の贈与加算がされないのです。

ですから、余命宣告の後に相続税の節税のため、もしくは配偶者の生活の本拠の確保のために急遽贈与されても相続税の課税財産には加算されません。

配偶者の特典を試算しましょう

205ページからの別表3をご覧ください。

ケース2は配偶者が存命の場合、ケース5は配偶者が先に亡くなっているケースを表にまとめたものです。

仮に、相続人が配偶者と子供2人の家庭で財産が4億円の場合、配偶者がいたら相続税額は4610万円ですが、配偶者がいなかったら相続人は子2人になりますから相続税額は1億9200万円になり、その差額はなんと6310万円も違うのです。

配偶者が相続人として、いる場合といない場合ではこれほど相続税額に差が出ます。財産が1億円ですと、配偶者がいたら相続税額は315万円ですが、配偶者がいなかったら相続税額は770万円ですから差額は455万円違います。

なお、配偶者は1億6000万円まで相続したら配偶者の税額軽減がありますから、1億円全ての財産を相続すれば相続税はかからないということになりますので、配偶者が全ての財産を相続したとしたら、その差額は770万円になります。

ただし、順番としては次に亡くなるのは配偶者ですから、第二次相続（配偶者が亡くなった時の相続）のことも考えて第一次相続を受けるべきです。

第一次相続でどれだけ相続しておいたら次の第二次相続を通じて相続税が最も有利かは非常に計算が複雑になりますから、専門家に相談されるのがよいでしょう。

3 相続税申告の回避策として有効なのは？

ご自分の財産がどれくらいの金額になるかを把握できれば、相続税申告の回避を図る行動を取ることができます。

総務省の統計によりますと、65歳以上の高齢者世帯の純資産（財産総額から住宅ローンなどの債務を差し引いたもの）は平均で約５０００万円。その約６割がマイホームなどの不動産だそうです。

65歳以上の高齢者世帯の平均家庭の相続税試算

では、５０００万円の資産があったとします。資産の内容は、土地が１５００万円、建物が５００万円、預金が２５００万円、有価証券が４００万円、その他家庭用財産として１００万円であったとします。

相続人が、配偶者と子供が１人なら基礎控除は４２００万円、子供が２人ですと４８００万円になります。

いずれの場合も、５０００万円という財産は基礎控除を上回りますから、相続が発生したら相続開始の日から起算して10か月以内に相続税の申告書を被相続人が亡くなった時の住所地の税務署に提出する必要があります。

配偶者と子供が１人の場合は、基礎控除を超える金額は８００万円で、子供が２人ですと超える金額は２００万円ですから、土地については配偶者が相続して小規模宅地等の特例（宅地の面積の３３０平方メートルまでは80％減額）を使えば、所有されている土地１５００万円の相続税評価額は３００万円と、１２００万円減額されますので、相続税の申告書に表示される財産の総額は３８００万円となります。配偶者と子供が１人の場合もしくは２人の場合のいずれも、基礎控除以下となり相続税はかかりませんが、この小規模宅地等の特例を適用するためには配偶者が居住用資産を相続する（子供が相続した場合は、一定の条件に合致することが必要）旨の遺産分割協議書を作成して、相続税の申告書を提出しなければなりません。

相続税申告をしないで済ませますか

この相続税の申告書の作成がなかなか難しく、大半の方が専門家である税理士に作成を依頼されているのが現状です。

税理士に支払う相続税申告書の作成費用はけっこう高いのです。

そこで、税務署に相続税の申告書を提出しないで済む方法ですが、財産が相続税の基礎控除以下の場合は相続税の申告は不要です。たとえば、相続人が4人ですと基礎控除は5400万円ですから相続税の申告は不要です。

相続税の基礎控除より少し上回る財産があるという方は、基礎控除以下になるように財産を減らせばよいのです。

財産を減らす方法は、たとえば贈与税の基礎控除110万円の範囲内で配偶者や子供や孫に預金を贈与するのも一つの方法です。

相続税申告回避策としては贈与税の配偶者控除が一番効果的か

配偶者と子供が1人の場合は800万円、2人ですと200万円減らせばいいわけですから簡単ですが、私がお勧めしたいのは配偶者に居住用資産を贈与するという相続税法第21条の6《贈与税の配偶者控除》を使った贈与です。

この特例は夫が死亡した後の妻の生活本拠の確保という観点からも有効ですし、なにしろ贈与税の基礎控除110万円の他に2000万円の控除がありますから、居住用不動産という大きな金額のものを贈与するのに適しています。

また、相続税には3年以内の贈与加算（相続開始日以前3年以内に贈与したものは、その贈与金額を相続税の対象に含める）という取扱いもありますが、配偶者に対する居住用資産の贈与は3年以内の贈与加算もされないのです。

ですから、相続開始日直前に贈与されても大丈夫なわけです。

もちろん、登録免許税と不動産取得税がかかり、司法書士に支払う手数料は必要で、これらは相続時の方が軽減（相続時の登録免許税は固定資産税評価額の1000分の4に対して贈与時は1000分の20、不動産取得税は相続時は非課税で、司法書士の手数料は同じ）されていますが、後々、相続争いによって配偶者が生活の本拠の確保に窮するという場面が想定されたり、相続税申告の可能性が大きく減じられるのであれば、この特例を使って居住用資産を配偶者名義に変更しておくのがよいでしょう。

以上のように、この例の場合には2000万円の土地と建物が配偶者のものとなり、所有財産は3000万円になり、相続税の基礎控除以下になりますから、相続税の申告書の提出が必要なくなりますし、配偶者からも感謝されると思います。

平成27年1月1日から相続税の基礎控除が4割減ったことから、相続税の申告書を提出しなければならない方は増加したことになります。

ぜひとも、この機会にご自分の財産はどれくらいになるのか、相続税の申告は必要なのか、必要ないのかを把握していただき、相続税の申告が必要な方は、配偶者に対する居住用資産の贈与というのも選択肢の一つに加えてください。

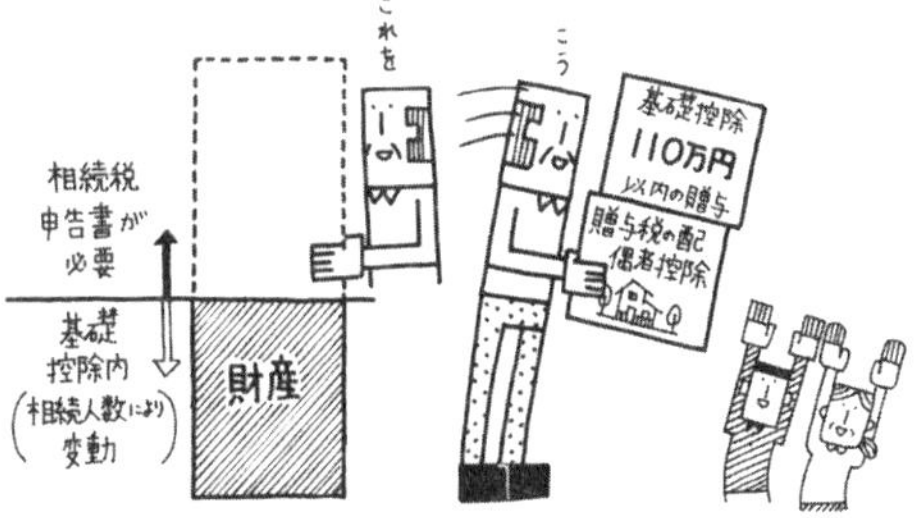

4 養子縁組による節税策って？

養子縁組は、子供がいなくて家系が途絶える場合などに行われています。

しかし、この養子縁組を使って相続税の節税策が行われた時期がありました。

養子縁組を使って相続税の節税なんかできるのかと疑問に思われるかもしれませんが、それができたのです。

規制前の養子縁組による節税効果

たとえば、2億円の財産があったとします。

相続人は、配偶者と子供2人であったとしますと、相続税の基礎控除は平成26年12月31日までは、5千万円と法定相続人1人当たり1千万円でしたから8千万円です。

財産が2億円ですから、基礎控除の8千万円を差し引くと1億2千万円残ります。この1億2千万円が相続税の課税対象となります。

しかし、たとえば、極論を申し上げるとして、養子を12人にしたらどうでしょうか。

基礎控除は、相続人1人当たり1千万円ありますから、1億2千万円基礎控除が増えることになります。

結果として、相続税はかからないことになります。

それなら、5億円の財産を持っていた人が、配偶者と子供と養子を含めて法定相続人が45人いれば相続税はかからないのかと思われる方もいらっしゃるかもしれませんが、そこまで極端なことをされる方はいらっしゃいませんでした。

私の知る限り、養子の数は最高で10人でした。それでも基礎控除は1億円も増えるのです。

所得税の扶養控除も同じ発想か

余談ですが、これと同じようなことに、所得税の扶養控除がありますね。老人扶養とかでない一般的な扶養控除は1人当たり38万円です。

アジア系の外国人でしたが、扶養家族がなんと100人という所得税の申告書の提出があったと聞いたことがあります。扶養控除の金額は3800万円です。

もちろん、その所得税の申告書が提出された税務署は、真偽を調査したと思います。

今は規制されましたよ……。でも、できます

話を戻しましょう。養子縁組を利用した相続税の節税策が頻繁に行われたので、税法改正が行われました。

簡単に説明しますと、実子がいる場合は1人まで、実子がいない場合は2人までを相続税の基礎控除の対象にするというものです。

これは、相続税法上の取扱いで、民法上は養子縁組は何人でも可能ですから、実子がいる場合は1人まで、実子がいない場合は2人までしか養子縁組ができないということはありません。

それでは、現在では養子縁組を利用した相続税対策はできないのかと思われるでしょうが、そうでもありません。

そこが、相続税の難しいところです。

もちろん、実子がいたとして養子縁組を1人しましたら基礎控除が600万円増えて、600万円分の相続税は減ることになりますから、これだけでも節税と言えるでしょう。

しかし、それだけではないのです。

理由は、相続税の税率は累進税率だから、です。

今でも効果ある養子縁組の試算

206・207ページの別表3のケース4、ケース5をご覧ください。

たとえば、相続財産が10億円の方で見てみます。相続財産が10億円の方にとって、基礎控除が6000万円増えたからといって痛くも痒くもありません、どうでもよいことです。6000万円に最高税率の55%を乗じても3300万円です。割合からすると0・33%にしかなりません。

しかし、実子1人ですと相続税額4億5820万円が、養子1人加えることによって、3億9500万円になるのです。なんとその差額は6320万円ですから「そんなに違うの」と驚かれる方は多いでしょう。

また、相続財産が5億円の方でも、1億9000万円に対して1億5210万円ですから、その差額は3790万円です。

同じ見方をしてみますと、相続財産が3億円の方で2260万円、相続財産が1億円の方で450万円もの減税ができるのです。

しかも、養子は財産を一切相続せず、実子が財産の全てを相続したとしても結果は同じです。

なぜなら、相続税は財産を相続した割合で納税することになるからです。

財産を半々ずつ相続すれば相続税も50％ずつ納税しますし、財産全部を相続した人は相続税を100％納税します。

先のケースで言えば、実子が全てを相続しましたので、相続税は実子が100％負担する、養子は相続した財産はありませんから相続税を納める必要はないということになります。養子を基礎控除の引上げと、相続税の減額に利用したのと同じ結果になります。これですと、通常孫を養子にした場合に生じる2割加算納税も避けることができます。

このように書いてしまいますと、養子縁組を奨励しているように思われる方もいらっしゃると思いますが、決してそうではありません。

なぜなら、養子縁組をしたら養子は実子扱いとなり、実子と同じ権利（相続する権利）を有することになるからです。

もちろん、法定相続分は実子と均等ですから、相続税の節税としてだけの養子縁組は危険です。

となると、孫を養子にすることが最も安全で節税にもなるということでしょうか。

相続争いの引き金となることも有り得ますので、相続税の節税のためだけに養子縁組を考えられる方は、誰を養子にするかは十二分に検討する必要があります。

5 マンション建設による節税策は失敗例が多い？

バブル絶頂の頃、毎年土地の価格は高騰して、相当の土地を持った所有者が亡くなられると、高額の相続税がかかり、相続税の納税のために所有不動産を売却して相続税を納めるという方も少なくはありませんでした。

しかし、その頃はまだ良い方でした。

なぜなら、所有不動産もそれなりの価格で売却できた時代だったからです。

その頃の相続税の節税策の一例が銀行から借金をしてアパートやマンションを建築する

というものです。

バブル時に流行ったマンション建設による節税策の試算

銀行から借金をしてアパートを建てると、なぜ相続税の節税になるのかを簡単に説明します。

仮に、1億円の評価額の更地（何も利用していない土地：甲土地とします）を所有されていたとします。他に2億円の財産があったと仮定しますと、現在において財産は3億円となります。

この甲土地に、銀行から1億円を借りてアパートを建築すると、借金、いわゆる債務は、相続が発生した場合には、財産から差し引くことができます。

この1億円を使ってアパートを建築するのですが、でき上がったアパートは固定資産税の評価額が相続税の評価額になりますから、仮に固定資産税の評価額が7千万円になったとして、さらにアパートは全室埋まっていたら、貸家として30％の評価減ができますから、相続税の評価額は4900万円になります。

結果として、アパートとしての財産が4900万円で債務が1億円ですから、差額

5100万円は財産が減ったということになります。

しかも、甲土地は地上にアパートが建てば更地ではありません。アパートの敷地は貸家建付地といいまして、相続税の評価額が減少するのです。

計算方法は次のとおりです。

【更地価格×（1－借地権割合×借家権割合）＝甲土地の相続税評価額】

通常、借地権割合は60％の所が多いので60％とします。借家権割合は一律30％です。これを計算式に当てはめると、次のとおりです。

【1億円×（1－60％×30％）＝8200万円】

結果、財産は甲土地が8200万円、アパートが4900万円、その他の財産が2億円で合計3億3100万円になりますが、銀行からの債務が1億円ありますから、この債務1億円を差し引くと、財産は2億3100万円となり、6900万円の財産が減少するという仕組みです。

このような相続税の節税策を取るがために、1億円のみならずもっと高額の銀行借入を行ってマンションなども建築されました。それも所構わずどこにでも建築されました。

今はマンション経営を優先し、相続税対策は二の次に

その後、バブルが崩壊して不況の嵐が吹き荒れました。

建物が新しいうちは入居者もいますが、古くなれば、だんだんと入居者は減っていきます。それに、交通の便が悪い所のマンションは敬遠されはじめ、入居者は駅に近い交通の便の良い所を求めるようになります。

不便な所にマンションを建築された方は、マンションの賃貸収入で銀行借入金も利息も返済するという当初の計画が破綻していきます。

結果、借入金の返済のために土地を売却しようとしても、土地の値段は毎年々々下落する一方で、売却も思ったようには進まず、八方塞がりとなり、多くの資産家が辛酸を舐めました。

こうした過去の教訓がありますから、マンション建築による相続税の節税策を採られる際には、不動産活用に精通した人のアドバイスを受けて、交通の便・周りの環境（学校・病院など公立の施設の立地状況等）を考慮して、入居者にあまり人気がないような所でのマンショ

ン等建築は避けられた方が賢明だと思います。

とりあえず借入金で相続税対策はできても、10年後にその借入金が返済できずに破産していたら、まさに元も子もありません。当然ですが、そんな相続税対策などしない方がましです。

これは、現在にも通じることですので、マンション建設による相続税の節税策は吟味してください。

6 行きすぎた節税策は「伝家の宝刀」で成敗する？

同族会社の株式の価値を下げるスキームは、市販されている相続税の節税策の本に色々と紹介されていますのでここでは書きませんが、私が紹介したいのは、同族会社を利用した節税策の失敗例です。

創業者にとって、自分が立ち上げた会社は自分の子供と同じような思いがあると言われます。

会社の株式は一族が持っていますから、どのような議決を行うにもあまり支障はなく、事を起こすような場合も反対意見もなく簡単に事を起こせます。

一時期、世間を賑わせた家具会社のように、親子で経営方針が合わず対立するということもありますが、基本的にはあのようなことは少なく、同族会社は一族の意思でどうにでもなるのです。

同族会社を利用した節税策の失敗例

何が言いたいかと申しますと、会社オーナーなどの意思で同族会社を使ってオーナー自身の財産を減らし、将来の相続税額を下げることができるということです。

頭の良い方が相続税の節税策として考えられるのでしょうが、その方法はいろいろとありました。何例か紹介しますが、ただ、私が紹介しますのは成功例ではなく、税務署から更正処分を受けて、国税不服審判所でも否定されたものです。

① 海外に同族会社を設立（乙社）し、既に設立していた同族会社（甲社：業績は超優良）を吸収合併する。
② 同族会社に現金を贈与し、同族会社から贈与した金額と同額の借入れをする。
③ 同族会社所有のマンションを購入する。

など他にもたくさんありました。

①は、専門的すぎて文章で書いても、なかなかお伝えするのが難しいと思いますし、かなりの紙面が必要ですから記載するのは控えます。

②は、同族会社の株価に影響（株価が上がる）して、贈与者以外の株主が贈与税の対象になる場合があるという問題はありますが、贈与者個人についてだけ説明しましょう。

贈与者が1億円を同族会社に贈与して、贈与者の預金1億円が減って、1億円の借金（債務）が増えるわけですから1億円の財産を減らすことになります。

1億円の預金が減って、1億円の債務が増えるのだから減る財産は2億円ではないかと思われる方もいらっしゃるかと思いますが、1億円の借入金を預金にしたらプラスマイナス零になります。

③は、同族会社が所有するマンション（時価2億円相当）を2億円で購入します。相続税の評価額は、建物は固定資産税の評価額で算定しますし、マンション敷地は路線価で評価します。

購入金額の2億円の内訳を、建物1億円・土地1億円と仮定して、建物の固定資産税評価額は7000万円（建物は市役所の固定資産税課で評価しています）、マンション敷地の相続税評価額は８０００万円（相続税の評価額は、時価の約8割相当額）だとしますと、合計したら1億５０００万円ですから、２億円で購入したマンションの節税効果は既に５０００万円あるわけです。

さらに、マンションの用途が賃貸専用で入居者も入っていたら、建物部分は貸家になりますから30％の評価減になり、建物の相続税の評価額は４９００万円になります。

また、敷地は場所にもよりますが、多くの場所で18％【1－借地権割合60％×借家権割合30％】の評価減ができます。６５６０万円となります。

建物部分と敷地の合計額は1億１４６０万円【４９００万円＋６５６０万円】ですから、８５４０万円の財産を減らすことになります。

伝家の宝刀「同族会社等の行為計算否認」

このように、同族会社は一族の分身みたいなものですから、一族の意思で議決を行って行動を起こせますので、既述のようなこともできるわけです。

しかしながら、税務署は同族会社を使って個人の財産を著しく減らすという節税策には目を光らせています。

なぜなら、そのような節税策を採りようがない他の人達と均衡が取れないからです。

そこで、相続税法第64条に「同族会社等の行為計算否認」というものがあります。税務署内部ではこれを「伝家の宝刀」と呼んでいます。

「伝家の宝刀を抜く」というのは、相続税法第64条を使って右記のような行為がなかったものとみなして税額計算をするのです。

一族が取った行為そのものは商取引ですから立派に成立していますが、税額計算に限りその行為を否認するというものです。

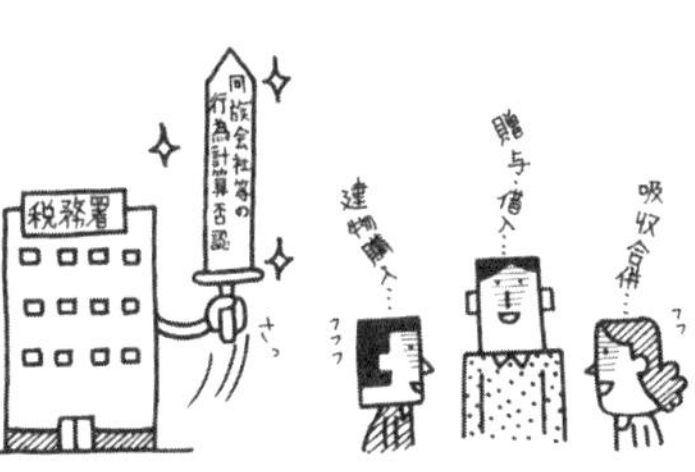

②の場合を例に取りますと、「同族会社に対する贈与も同族会社からの借り入れも商取引ですから自由にやってください。ただし、税額の計算はそのことがなかったとして計算しますよ」というものなのです。

このようなことは、税法を熟知した頭の良い方が考えに考え抜いて行動に移されていますので、税務署も簡単に否認できるようなものではありません。

取引内容を克明に把握・分析して、税務署も国税局とタイアップして協議を重ねて、最終的には裁判でも勝てるという結論が出たら、更正処分を行います。

もちろん、更正処分を行う前には納税者には説明はします。

同族会社による節税策の一例を記載しましたが、同族会社のオーナーは誰でも同族会社を使った節税策を講じているということはありませんのでご理解ください。

おわりに

知り合いの税理士さんが、税務署に相続税の申告書を提出に来られた時にしきりと感心していたお話です。

被相続人は、還暦を少し過ぎた方でしたが、ご自分が亡くなった場合のことをちゃんと考えていて、相続人が困ることのないように相続税の納税資金のみならず、税理士の相続税の申告書作成費用などまで用意されていたそうです。

相続財産は、土地・建物の不動産が95％、預貯金や有価証券が残りの5％でしたが、ご自分に万一の事があった時のために、相続税相当額・税理士報酬額・葬式費用・相続登記費用など相続が発生した場合の諸経費までも生命保険金で賄えるように準備していたとのことでした。

私は長い間、相続税の担当者として勤務してきましたが、このように専門家のアドバイスなしに、万一の事に備え、完全な対応をされている方にお会いしたことがありません。

財産の内容が、不動産が大半である場合、相続が発生すると相続税の納税資金のために相続人が大変苦労します。

相続税の納税のために不動産を売却することも容易ではありませんし、不動産を売却すれば譲渡所得税の対象になり、さらに所得税の納税が発生することもあります。

そこで、生命保険金の活用は非常に有効な手段です。

ご自分に万一のことがあった場合の、大まかな相続税の算定のしかたは説明しました。

せっかく、本書をここまで読まれたのですから、これを機会に、是非一度ご自分が亡くなった際の相続税がどれくらいかかるのかを算定してみてはいかがでしょうか。

算定の結果、相続税の納税資金が不足する場合は、不動産を事前に処分して現金化して相続税の納税資金を確保しておくとか、相続税相当額の生命保険金が下りるように契約しておくとかの検討をされておかれることをお勧めします。

まだ若いから大丈夫という過信は禁物です。できるだけお若いうちに、頭がよく働くうちに検討されることをお勧めします。

仕事として長年相続税に従事してきた税務職員さえも感心させられるような方に是非ともなってください。

争いが起きないような相続を考えたり、相続税の節税策を講じるのは、この本を読まれた「今！」です。

別表 1

【贈与税の速算表】

一般贈与財産用

区　分	200万円以下	300万円以下	400万円以下	600万円以下
税　率	10%	15%	20%	30%
控除額	－	10万円	25万円	65万円

区　分	1,000万円以下	1,500万円以下	3,000万円以下	3,000万円超
税　率	40%	45%	50%	55%
控除額	125万円	175万円	250万円	400万円

特例贈与財産用

区　分	200万円以下	400万円以下	600万円以下	1,000万円以下
税　率	10%	15%	20%	30%
控除額	－	10万円	30万円	90万円

区　分	1,500万円以下	3,000万円以下	4,500万円以下	4,500万円超
税　率	40%	45%	50%	55%
控除額	190万円	265万円	415万円	640万円

【相続税の速算表】再掲

区　分	1,000万円以下	3,000万円以下	5,000万円以下	1億円以下
税　率	10%	15%	20%	30%
控除額	－	50万円	200万円	700万円

区　分	2億円以下	3億円以下	6億円以下	6億円超
税　率	40%	45%	50%	55%
控除額	1,700万円	2,700万円	4,200万円	7,200万円

別表2

【ケース別にみた贈与税の試算】

一般贈与財産の場合

贈与財産額	基礎控除	課税価格	税　率	控除額	税　額	実質税率
1,000,000		0	0%	0	0	0.00
2,000,000		900,000	10%	0	90,000	4.50
3,000,000		1,900,000	10%	0	190,000	6.33
4,000,000		2,900,000	15%	100,000	335,000	8.38
5,000,000		3,900,000	20%	250,000	530,000	10.60
6,000,000		4,900,000	30%	650,000	820,000	13.67
7,000,000		5,900,000	30%	650,000	1,120,000	16.00
8,000,000	1,100,000	6,900,000	40%	1,250,000	1,510,000	18.88
9,000,000		7,900,000	40%	1,250,000	1,910,000	21.22
10,000,000		8,900,000	40%	1,250,000	2,310,000	23.10
15,000,000		13,900,000	45%	1,750,000	4,505,000	30.03
20,000,000		18,900,000	50%	2,500,000	6,950,000	34.75
30,000,000		28,900,000	50%	2,500,000	11,950,000	39.83
40,000,000		38,900,000	55%	4,000,000	17,395,000	43.49
50,000,000		48,900,000	55%	4,000,000	22,895,000	45.79
60,000,000		58,900,000	55%	4,000,000	28,395,000	47.33
70,000,000		68,900,000	55%	4,000,000	33,895,000	48.42
80,000,000		78,900,000	55%	4,000,000	39,395,000	49.24
90,000,000		88,900,000	55%	4,000,000	44,895,000	49.88
100,000,000		98,900,000	55%	4,000,000	50,395,000	50.40

特例贈与財産の場合

贈与財産額	基礎控除	課税価格	税　率	控除額	税　額	実質税率
1,000,000		0	0%	0	0	0.00
2,000,000		900,000	10%	0	90,000	4.50
3,000,000		1,900,000	10%	0	190,000	6.33
4,000,000		2,900,000	15%	100,000	335,000	8.38
5,000,000		3,900,000	15%	100,000	485,000	9.70
6,000,000		4,900,000	20%	300,000	680,000	11.33
7,000,000		5,900,000	20%	300,000	880,000	12.57
8,000,000	1,100,000	6,900,000	30%	900,000	1,170,000	14.63
9,000,000		7,900,000	30%	900,000	1,470,000	16.33
10,000,000		8,900,000	30%	900,000	1,770,000	17.70
15,000,000		13,900,000	40%	1,900,000	3,660,000	24.40
20,000,000		18,900,000	45%	2,650,000	5,855,000	29.28
30,000,000		28,900,000	45%	2,650,000	10,355,000	34.52
40,000,000		38,900,000	50%	4,150,000	15,300,000	38.25
50,000,000		48,900,000	55%	6,400,000	20,495,000	40.99
60,000,000		58,900,000	55%	6,400,000	25,995,000	43.33
70,000,000		68,900,000	55%	6,400,000	31,495,000	44.99
80,000,000		78,900,000	55%	6,400,000	36,995,000	46.24
90,000,000		88,900,000	55%	6,400,000	42,495,000	47.22
100,000,000		98,900,000	55%	6,400,000	47,995,000	48.00

別表3

【ケース別にみた相続税の試算】

ケース1（相続人が、配偶者と子供1人で法定相続分通りに相続した場合）

（単位：円、実質税率は%）

相続財産	基礎控除	課税価格	税　額	実質税率
42,000,000以下		0	0	0.00
50,000,000		8,000,000	400,000	0.80
60,000,000		18,000,000	900,000	1.50
70,000,000		28,000,000	1,600,000	2.29
80,000,000		38,000,000	2,350,000	2.94
90,000,000		48,000,000	3,100,000	3.44
100,000,000		58,000,000	3,850,000	3.85
200,000,000	42,000,000	158,000,000	16,700,000	8.35
300,000,000		258,000,000	34,600,000	11.53
400,000,000		358,000,000	54,600,000	13.65
500,000,000		458,000,000	76,050,000	15.21
600,000,000		558,000,000	98,550,000	16.43
700,000,000		658,000,000	122,500,000	17.50
800,000,000		758,000,000	147,500,000	18.44
900,000,000		858,000,000	172,500,000	19.17
1,000,000,000		958,000,000	197,500,000	19.75

ケース2（相続人が、配偶者と子供2人で法定相続分通りに相続した場合）

（単位：円、実質税率は%）

相続財産	基礎控除	課税価格	税　額	実質税率
48,000,000以下		0	0	0.00
50,000,000		2,000,000	100,000	0.20
60,000,000		12,000,000	600,000	1.00
70,000,000		22,000,000	1,125,000	1.61
80,000,000		32,000,000	1,750,000	2.19
90,000,000		42,000,000	2,400,000	2.67
100,000,000		52,000,000	3,150,000	3.15
200,000,000	48,000,000	152,000,000	13,500,000	6.75
300,000,000		252,000,000	28,600,000	9.53
400,000,000		352,000,000	46,100,000	11.53
500,000,000		452,000,000	65,550,000	13.11
600,000,000		552,000,000	86,800,000	14.47
700,000,000		652,000,000	108,700,000	15.53
800,000,000		752,000,000	131,200,000	16.40
900,000,000		852,000,000	154,350,000	17.15
1,000,000,000		952,000,000	178,100,000	17.81

ケース3（相続人が、配偶者と子供３人で法定相続分通りに相続した場合）

（単位：円、実質税率は%）

相続財産	基礎控除	課税価格	税　額	実質税率
54,000,000以下		0	0	0.00
60,000,000		6,000,000	300,000	0.50
70,000,000		16,000,000	798,900	1.14
80,000,000		26,000,000	1,374,900	1.72
90,000,000		36,000,000	1,999,800	2.22
100,000,000		46,000,000	2,624,700	2.62
200,000,000		146,000,000	12,174,900	6.09
300,000,000	54,000,000	246,000,000	25,399,800	8.47
400,000,000		346,000,000	41,549,700	10.39
500,000,000		446,000,000	59,624,700	11.92
600,000,000		546,000,000	78,375,000	13.06
700,000,000		646,000,000	98,849,400	14.12
800,000,000		746,000,000	121,349,700	15.17
900,000,000		846,000,000	143,850,000	15.98
1,000,000,000		946,000,000	166,349,400	16.63

ケース4（相続人が子供１人の場合）

（単位：円、実質税率は%）

相続財産	基礎控除	課税価格	税　額	実質税率
36,000,000以下		0	0	0.00
40,000,000		4,000,000	400,000	1.00
50,000,000		14,000,000	1,600,000	3.20
60,000,000		24,000,000	3,100,000	5.17
70,000,000		34,000,000	4,800,000	6.86
80,000,000		44,000,000	6,800,000	8.50
90,000,000		54,000,000	9,200,000	10.22
100,000,000		64,000,000	12,200,000	12.20
200,000,000	36,000,000	164,000,000	48,600,000	24.30
300,000,000		264,000,000	91,800,000	30.60
400,000,000		364,000,000	140,000,000	35.00
500,000,000		464,000,000	190,000,000	38.00
600,000,000		564,000,000	240,000,000	40.00
700,000,000		664,000,000	293,200,000	41.89
800,000,000		764,000,000	348,200,000	43.53
900,000,000		864,000,000	403,200,000	44.80
1,000,000,000		964,000,000	458,200,000	45.82

別表

ケース5（相続人が子供2人の場合）

（単位：円、実質税率は%）

相続財産	基礎控除	課税価格	税　額	実質税率
42,000,000以下		0	0	0.00
50,000,000		8,000,000	800,000	1.60
60,000,000		18,000,000	1,800,000	3.00
70,000,000		28,000,000	3,200,000	4.57
80,000,000		38,000,000	4,700,000	5.88
90,000,000		48,000,000	6,200,000	6.89
100,000,000		58,000,000	7,700,000	7.70
200,000,000	42,000,000	158,000,000	33,400,000	16.70
300,000,000		258,000,000	69,200,000	23.07
400,000,000		358,000,000	109,200,000	27.30
500,000,000		458,000,000	152,100,000	30.42
600,000,000		558,000,000	197,100,000	32.85
700,000,000		658,000,000	245,000,000	35.00
800,000,000		758,000,000	295,000,000	36.88
900,000,000		858,000,000	345,000,000	38.33
1,000,000,000		958,000,000	395,000,000	39.50

ケース6（相続人が子供3人の場合）

（単位：円、実質税率は%）

相続財産	基礎控除	課税価格	税　額	実質税率
48,000,000以下		0	0	0.00
50,000,000		2,000,000	199,800	0.40
60,000,000		12,000,000	1,200,000	2.00
70,000,000		22,000,000	2,199,900	3.14
80,000,000		32,000,000	3,299,700	4.12
90,000,000		42,000,000	4,800,000	5.33
100,000,000		52,000,000	6,299,700	6.30
200,000,000	48,000,000	152,000,000	15,199,800	7.60
300,000,000		252,000,000	54,600,000	18.20
400,000,000		352,000,000	89,799,600	22.45
500,000,000		452,000,000	129,799,200	25.96
600,000,000		552,000,000	169,800,000	28.30
700,000,000		652,000,000	212,399,400	30.34
800,000,000		752,000,000	257,399,100	32.17
900,000,000		852,000,000	302,400,000	33.60
1,000,000,000		952,000,000	349,999,500	35.00

【著者紹介】

秋山　清成（あきやま　きよしげ）

1955年（昭和30年）１月15日生まれ，福岡県八女市出身。

1973年（昭和48年）３月，福岡県立福島高等学校卒業。

同年４月，大阪国税局に採用される。1974年（昭和49年）６月まで，税務大学校大阪研修所（大阪府枚方市）に入校。

昭和49年７月から平成27年７月まで41年間，大阪国税局・各税務署および国税不服審判所において，主に資産課税（相続税・贈与税ならびに譲渡所得税担当）の調査等の事務に従事する。この間，銀行・証券会社・医師会およびライオンズクラブなどにおいて多数の講演会講師を務める。

2015年（平成27年）７月，明石税務署：副署長で退職。

同年11月，姫路市佃町31パークサイドツクダ205にて秋山清成税理士事務所（相続税・贈与税専門）を開業。

秋山清成税理士事務所のホームページ：http://www.souzoku-akiyama.com/

税務調査官の着眼力Ⅱ
間違いだらけの相続税対策

2016年３月10日　第１版第１刷発行
2016年４月30日　第１版第２刷発行

著　者　秋　山　清　成
発行者　山　本　継
発行所　㈱中央経済社
発売元　㈱中央経済グループパブリッシング

〒101-0051　東京都千代田区神田神保町1-31-2
電話　03（3293）3371（編集代表）
03（3293）3381（営業代表）
http://www.chuokeizai.co.jp/
印刷／三英印刷㈱
製本／誠製本㈱

＊頁の「欠落」や「順序違い」などがありましたらお取り替えいたしますので発売元までご送付ください。（送料小社負担）

ISBN978-4-502-18261-7　C3034